Ludwig, die Dinge und ich

Für Kinder, die nach dem Warum fragen

Helmut Schreier

Ludwig,
die Dinge und ich

Für Kinder, die nach dem Warum fragen

Kallmeyer

Bibliografische Information Der Deutschen Bibliothek:
Die Deutsche Bibliothek verzeichnet diese Publikation in der
Deutschen Nationalbibliografie; detaillierte bibliografische Daten
sind im Internet über *http://dnb.ddb.de* abrufbar.

Impressum

Helmut Schreier
Ludwig, die Dinge und ich.
Für Kinder, die nach dem Warum fragen

1. Auflage 2004
© Kallmeyer'sche Verlagsbuchhandlung GmbH, 30926 Seelze-Velber
Alle Rechte vorbehalten. Kein Teil dieses Werkes darf ohne vorherige schriftliche
Genehmigung des Verlages in irgendeiner Weise gespeichert oder reproduziert werden.

Realisation: Doro Siermantowski / Isa Brennecke, Friedrich Medien-Gestaltung
Zeichnungen: Fides Friedeberg
Verlag: Kallmeyer'sche Verlagsbuchhandlung GmbH, Im Brande 19, 30926 Seelze
Druck: Print Design Druck GmbH, Minden. Printed in Germany
ISBN: 3-7800-2059-9

Besuchen Sie uns im Internet unter: www.kallmeyer.de

INHALTSVERZEICHNIS

Diese Symbole werden dich durch das Buch begleiten:

 Denke nach!

 Gestalte oder baue!

 Beobachte!

 Zeichne!

 Probiere es selbst aus!

 Geschichte

 Fragen

VON FEUER, WASSER, LUFT UND DER NACHT

VON TIEREN UND PFLANZEN

VON WISSENSCHAFT UND TECHNIK

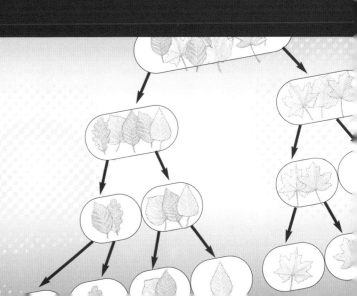

Ludwig, die Dinge und ich

Ludwig zeigt mir ein langes Lineal und behauptet: „Wenn du beide Arme ausstreckst und die Zeigefinger auch noch, dann liegt das eine Ende des Lineals auf deinem linken Zeigefinger und das andere Ende liegt auf deinem rechten Zeigefinger. Siehst du, so! Jetzt führe deine beiden Hände langsam entlang dem Lineal bis zur Mitte. Kannst du es schaffen, dass sich am Ende deine beiden Zeigefinger genau unter dem Mittelpunkt des Lineals treffen?"

Ludwig macht es vor und er schafft es mit Leichtigkeit. Jetzt komme ich dran und ich denke, dass ich mir Mühe geben muss, damit ich meine beiden Hände so genau und gleichmäßig zusammenführe wie Ludwig es vorgemacht hat. Aber dann merke ich, dass es ganz leicht ist! Das Lineal rutscht tatsächlich von selbst immer so weit, dass es auf die Mitte hinausläuft. Es klappt sogar dann, wenn ich meine Hände rasch zusammenführe oder wenn ich versuche, nur einen Arm zu bewegen. Immer endet die Bewegung meiner Arme ganz genau unter der Mitte des Lineals. Wie das kommt? Ob es mit dem Gewicht zu tun hat?

Ein dicker Klumpen Knete kann uns weiterhelfen – wir drücken ihn am linken Ende des Lineals fest. Nun ist der Mittelpunkt nicht mehr die Mitte des Lineals, er hat sich in Richtung Knete verschoben.

Ludwig kennt lauter solche Tricks. Ein anderes Mal nimmt er einen leeren Bogen Papier und hält ihn mir vor die Nase. „Weißt du, dass es unmöglich ist, genau zu sagen, wo das Blatt landet?", fragt Ludwig und lässt das Papier los. Es schaukelt durch die Luft und rutscht ein bisschen über den Boden, bevor es still liegen bleibt.

Ludwig behauptet, sogar Wissenschaftler mit den neuesten Computern könnten auch nicht berechnen, wo ein Bogen Papier landen wird. Ich halte das, ehrlich gesagt, für ziemlich unwahrscheinlich. Sicher hat Ludwig zumindest ein wenig übertrieben. Aber wenn ich ihm sage, dass die Wissenschaftler so ein kleines Problem doch lösen können, dann antwortet er gleich: „Erklär mir doch, wie!" Dauernd fragt er nach: „Warum?", „Wieso?", „Weshalb?".

Ob Ludwig mein Freund ist? Ich bin nicht sicher. Meine Schwester Lena sagt, dass Freunde immer ein Herz und eine Seele sind. Sie meint, Freunde verstehen sich ohne Worte und sind derselben Meinung, egal, worum es auch geht. Aber ich finde manches, was Ludwig sagt, ein bisschen seltsam.

Und doch ist es so: Alle seine Forschungen sind irgendwie interessant. Ich glaube, das kommt daher, dass Ludwig die Dinge rücksichtslos untersucht. Er ist immer mit irgendwelchen

Forschungen beschäftigt. Und vieles, was es gibt, macht ihn neugierig.

Einmal bleibt er bis Mitternacht wach, wegen einer Mondfinsternis. Ein anderes Mal steht er morgens um fünf Uhr auf, nur um zu sehen, wie nah der Morgenstern bei der aufgehenden Sonne ist. Oder er vergräbt eines Nachmittags eine tote Maus in einem Ameisenhaufen, damit er ein sauber abgenagtes Mausskelett bekommt. Oder er läuft nachts im Regen an einen Teich, um Kröten beim Laichen zu beobachten.

Sieht er einen Ölfleck auf einer Pfütze, dann grübelt Ludwig darüber nach, woher die schillernden Farben kommen. Im Herbst bleibt er plötzlich mitten auf dem Bürgersteig stehen und beobachtet den Vogelzug am Himmel. Außerdem liest Ludwig seltsame Bücher. Es kommt vor, dass er mir ägyptische Hieroglyphen mitbringt.

Manchmal ist mir Ludwig ein bisschen unheimlich. Aber wenn ich daran denke, was wir alles zusammen angestellt, erforscht und ausgekundschaftet haben, bin ich froh, dass Ludwig da ist. Ohne ihn wäre es langweilig. Wahrscheinlich würde ich viele Sachen gar nicht sehen, wenn Ludwig mich nicht darauf gebracht hätte. Wahrscheinlich würde ich immer nur Fernsehen gucken, Schulaufgaben machen und Fußball spielen.

Ludwig und ich – wir versuchen, alles über die Sachen herauszufinden, die uns neugierig machen. Manchmal kommen wir seltsamen Zusammenhängen auf die Spur. Manchmal stehen wir auch vor Sachen, die wir nicht durchschauen. Trotzdem reden und streiten wir dann meistens drüber. Sachen, die wir erforscht oder wenigstens ein Stück weit erforscht haben, habe ich in diesem Buch für andere zum Weiterforschen zusammengetragen.

Aber es ist uns auch schon passiert, dass wir gar nichts mehr verstanden haben. Es gibt Dinge, da können wir nur noch staunen. Einmal hat Ludwig gesagt: „Wovon man nicht sprechen kann, darüber muss man schweigen." Zwischen den kleinen schwarzen Buchstaben und hinter den Bildern in diesem Buch: Da könnt ihr das Schweigen sehen.

VON FEUER,

Was steckt in allen Dingen?
„Feuer und Wasser", sagt Lena. „Weil alles,
was lebt, Wärme braucht und Wasser enthält."
„Licht und Luft", sagt Ludwig. „Ohne Licht
würde man nichts sehen und ohne Luft wären
wir nicht da."
„Geräusche", sage ich. „Die Dinge spielen
Musik und wir hören ihre Melodie."

WASSER, LUFT UND DER NACHT

Wasser verflüssigen

Irgendwo habe ich gelesen, dass eine Büroklammer auf dem Wasser schwimmen kann. Aber wenn ich eine Büroklammer auf das Wasser in einem Glas lege, geht sie jedes Mal unter wie ein Stein, egal wie vorsichtig, langsam und sorgfältig ich es auch versuche.

Ludwig zeigt mir einen Trick: Er reißt eine kleine Ecke von einer Zeitung ab und legt das Zeitungspapier auf das Wasser in dem Glas. Natürlich bleibt es dort flach liegen. Dann legt er die Büroklammer einfach auf den Zeitungsfetzen. Das weiße Zeitungspapier wird allmählich dunkler, weil es sich mit Wasser vollsaugt. Bald hängen die Ecken schon nach unten, in das Wasser im Glas hinein. Ludwig drückt den Papierfetzen mit der Spitze von einem Bleistift noch weiter nach unten. Da sackt das Papier weg, im Zickzack sinkt es auf den Boden des Wasserglases. Aber die Büroklammer bleibt tatsächlich oben auf dem Wasser. Sie liegt auf der Wasserhaut wie auf einer Bettdecke: Rundherum ist das Wasser eingedellt, aber die Büroklammer geht nicht unter, das Wasser trägt die Klammer.

Ich habe die Sache mit einer Nadel, einem dünnen kleinen Nagel und mit einer Rasierklinge ausprobiert und jedes Mal hat es funktioniert. Irgendwie klebt das Wasser zusammen.

Ludwig behauptet: „Ich kann das auflösen, was das Wasser zusammenhält!" Und schon holt er die Plastikflasche mit dem Spülmittel aus der Kü-che, füllt ein wenig auf eine Untertasse und taucht ein Streichholz ein. Dann gibt er einen Tropfen Spülmittel mit der Streichholzspitze in das Glas mit dem Wasser, auf dem die Büroklammer schwimmt. Und im gleichen Augenblick, in dem der Tropfen Spülmittel das Wasser berührt, fällt die Büroklammer durch die Wasserhaut und sackt weg auf den Boden des Wasserglases.

Unser Nachbar Herr Hohmann hat einen kleinen Gartenteich. Auf der Oberfläche des Wassers im Teich laufen immer irgendwelche Käfer herum. Manche haben lange Beine und man kann am Ende ihrer Füße die kleinen Dellen sehen, die sie in das Wasser treten. Andere ziehen dauernd in Kreisen auf dem Teich umher. Ludwig und ich haben Herrn Hohmann gefragt, ob wir ein paar von den Käfern fangen dürfen und Herr Hohmann hat nichts dagegen! Da werden wir mal ausprobieren, ob das Waschmittel bei diesen Käfern genauso wirkt wie bei der Büroklammer.

Es funktioniert! Die Käfer versinken tatsächlich im Wasser. Lena regt sich sehr über uns auf und meint, es sei Tierquälerei. Aber natürlich bringen wir die Käfer wieder in ihren Teich zurück und schauen zu, wie sie wieder über das Wasser laufen.

Trotzdem erzählt Lena beim Abendessen, dass wir die Wasserläufer mit Waschmittel gequält haben. Vater meint, das sei gar nichts gegen die

Reklame, an die er sich aus seiner Jugendzeit erinnert. Da haben die Werbeleute eine Ente in ein schmales hohes Glasgefäß gesetzt und fotografiert, wie die Ente auf dem Wasser herumgepaddelt ist. Dann haben sie eine Menge Spülmittel in das Wasser geschüttet und ein Foto davon gemacht, wie die arme Ente immer verzweifelter mit ihren Füßen herum ruderte und trotzdem im Wasser versank. Auf dem letzten Foto guckte gerade noch der Schnabel des Tieres aus dem Wasser heraus.

„Und dann?", fragt Lena, „hat jemand die arme Ente gerettet?" „Wahrscheinlich doch", vermutet Vater. „Aber das haben sie nicht gezeigt. Bei der Werbung ging es nur darum, die starke Wirkung des Spülmittels zu zeigen. Die Idee war ungefähr: Wenn eine Ente in Wasser mit diesem Spülmittel untergeht, dann ist das Zeug fürs Geschirrspülen bestens geeignet. Aber diese Werbung gibt es nicht mehr. Sie ist wahrscheinlich wegen Tierquälerei verboten worden."

Lena findet es nur richtig, dass solche Gemeinheiten nicht mehr gezeigt werden dürfen. Aber ist es nicht interessant, dass sogar eine Ente im verflüssigten Wasser untergeht? Das zeigt doch, dass sogar große Wasservögel die Klebkraft im Wasser brauchen. Nicht nur kleine Käfer laufen auf der Haut des Wassers herum, auch Enten und Gänse und Pelikane und wer weiß welche Vögel schwimmen auf dem Wasser, weil es eine Haut hat.

Hat Wasser Kräfte?

Ludwig behauptet, das Zusammenkleben hat mit einer Wölbkraft zu tun. „Das ist so eine Art Innenzug", sagt er, „wie bei einem von den Drachen, mit denen manche Menschen von Flugzeugen abspringen. Überall sind da Seile, die alle nach unten ziehen, und dadurch gibt es eine Drachenhaut, die nach oben gewölbt ist. Ungefähr so." Er macht mit der Hand eine Art Deckel. Ich weiß überhaupt nicht, wovon er redet.
– „Wölbkraft – was ist denn das?"
– „Das ist das, was du siehst, wenn du ein Glas bis zum Rand voll Wasser füllst."
Gesagt – getan.
– „Und jetzt?"
– „Jetzt nimmst du eine Handvoll Münzen und legst sie neben das Wasserglas!"
– „Und jetzt?"
– „Jetzt nimmst du eine Münze und steckst sie ganz ganz vorsichtig über den Rand in das Wasser!"
– „Und jetzt?"
– „Noch eine."
– „Und noch eine. Und noch eine. Siehst du den Wasserberg? Da hast du die Wölbkraft."

Lena fragt: „Ludwig, du sagst, die Wölbkraft ist dasselbe wie die Klebkraft. Wenn das stimmt, dann löst das Spülmittel die Wölbkraft genauso auf wie die Klebkraft. Der Wasserberg verschwindet, wie die Büroklammer wegsackt."
„Das probieren wir jetzt mal aus", sage ich.

PROBIERE ES SELBST AUS!

Ist die Wölbkraft von Wasser genauso stark wie die von Öl?

Eine Glasscheibe ist einfach ideal, um die Wölbkraft von Wasser zu sehen: Ein Tropfen Wasser auf der Glasscheibe sieht von der Seite aus wie ein flacher Lebkuchen. Flüssigkleber ist schon dicker, wie ein massiver Lebkuchen. Und flüssiges Kerzenwachs, wenn es an der Kerze herabgetropft ist, sitzt wie ein dicker Tropfen auf der Glasscheibe. Wo ist die Wölbung stärker: Bei Wasser oder Öl, Milch oder Klebstoff, Kerzenwachs oder Honig?

Ist die Reihenfolge richtig?

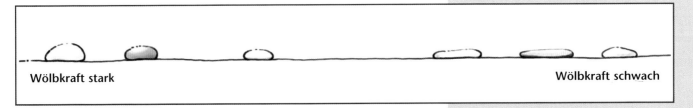

Wölbkraft stark

Wölbkraft schwach

PROBIERE ES SELBST AUS!

Wie wird die Wasserhaut zerstört?

Hier ein paar Vorschläge von Lena, Ludwig und mir. Eigentlich müsstest du alles mal ausprobieren, um zu sehen, wer von uns Recht hat.

Lena meint: „Das Spülmittel funktioniert wie eine Nadel: Im selben Augenblick, in dem der Tropfen die Oberfläche berührt, geht die Büroklammer unter. So als ob jemand in einen Luftballon sticht: Peng!"

„Dann könntest du auch einfach eine Nadel nehmen", antwortet Ludwig.

Wir probieren es aus und stechen in die Wasserhaut hinein: Ob die Büroklammer auf ihrem Wasserbett liegen bleibt?

Ludwig meint, das Spülmittel sei eine „Verflüssigungsmedizin": Er nimmt einen Haushaltsschwamm, füllt einen eckigen Glasbehälter mit Wasser und legt den Schwamm auf die

16

Wasseroberfläche. Er schwimmt obenauf. Nachdem wir lange genug hingeschaut haben, greift Ludwig zu der Flasche mit Spülmittel. Wir sind sehr gespannt, ob der Schwamm untergeht, wenn das Spülmittel ins Wasser kommt.

PROBIERE ES
SELBST AUS!

Ich meine aber, dass das Spülmittel wie tausend winzige Messer wirkt: Die Klebkraft und die Wölbkraft sind wie die Fäden von einem Netz. Das Wasser ist das Netz und es wird an tausend Stellen auf einmal aufgeschnitten. Ich nehme einen Teller, fülle ihn mit Wasser und bestreue ihn mit feingemahlenem Pfeffer, bis die Oberfläche richtig schön gleichmäßig bestreut ist. Dann tropfe ich einen Tropfen Spülmittel in die Mitte. Wenn ich Recht habe, dann wird das Wassernetz an der Stelle aufgeschnitten, wo der Tropfen auftrifft. Die Wasserhaut würde dann aufreißen und die feinen Pfefferkörnchen würden vom Rest des Wassernetzes mitgezerrt werden an den Rand, wo es noch heil ist.

17

Die Geschichte vom tragischen Untergang des Traumschiffs Catalina?!

Lena hat eine Geschichte geschrieben und liest sie Ludwig und mir vor.

Es war eine sternklare und windstille Nacht auf dem Südmeer. Das Traumschiff Catalina zog ruhig über die spiegelglatte, dunkle Wasserfläche. Die Passagiere schliefen in ihren Kabinen, die Besatzung war in ihren Kajüten, der Steuermann döste am Steuerrad des Schiffes. Welche Gefahr konnte dem Schiff auf diesem warmen Ozean denn schon drohen?

Eisberge gab es hier nicht, sie waren längst geschmolzen. Fremde Schiffe nahmen einen anderen Weg durchs Meer und an Ungeheuer glaubte der Steuermann nicht.

Doch da – was war das? Plötzlich tauchte vor dem Bug, viel zu nahe, um noch ausweichen zu können, eine riesige Form aus dem Wasser auf: Eine Plastikflasche, fast so hoch wie das Schiff. Bedrohlich ragte die Riesenflasche über den Bug empor. Der Steuermann drückte den roten Notfallknopf, um sofort den Kapitän, die Mannschaft und sogar die Passagiere aufzuwecken. Laut schrillte das Signal, während die unheimliche Flasche der Catalina rasch immer näher kam.

„Keine Sorge", sagte der Kapitän, „unser Schiff ist aus Eisen. Woher diese Flasche auch stammen mag, es ist klar zu erkennen, dass sie nur aus Plastik besteht. Wir werden sie rammen und sie wird versinken."

„Ich kenne diese Flaschen", rief aufgeregt eine ältere Dame, die neben dem Kapitän stand. „Obwohl diese viel größer ist, sieht sie genauso aus wie die Spülmittelflasche in meiner Küche."

„Oh nein, wir werden alle versinken, wir sind schon so gut wie verloren", schrie Ludwig. „Das Schiff wird die Flasche rammen. Unser Schiff wird an der Seite zerfetzt werden, eine ungeheure

18

Menge Spülmittel wird in das Wasser fließen und die Catalina wird untergehen wie ein Stein!"

„Vielen Dank auch dafür, dass ich in der Geschichte vorkomme", meint Ludwig zu Lena. „Die Geschichte hört sich an, als ob du ihn am liebsten los sein wolltest", sage ich zu Lena. „Aber fällt euch denn nicht auf, dass die Geschichte gar kein Ende hat?", fragt Lena Ludwig und mich. „Eben", sagt Ludwig, „der Ludwig in der Geschichte ist ziemlich voreilig mit seinen Behauptungen. Die Catalina würde niemals untergehen."

Mir fällt ein, dass ich in meinem alten Spielzeugkasten noch immer ein Schiffchen habe, das mir mal Tante Elisabeth geschenkt hat, als ich noch klein war. Könnten wir damit nicht ausprobieren, ob die Catalina im Spülmittelmeer untergeht?

AUFGABE •

Die Catalina im Spülmittelmeer
Kreuze an und erkläre:
- Sie wird untergehen: Weshalb?
- Sie wird nicht untergehen: Weshalb nicht?

19

Warme Mützen

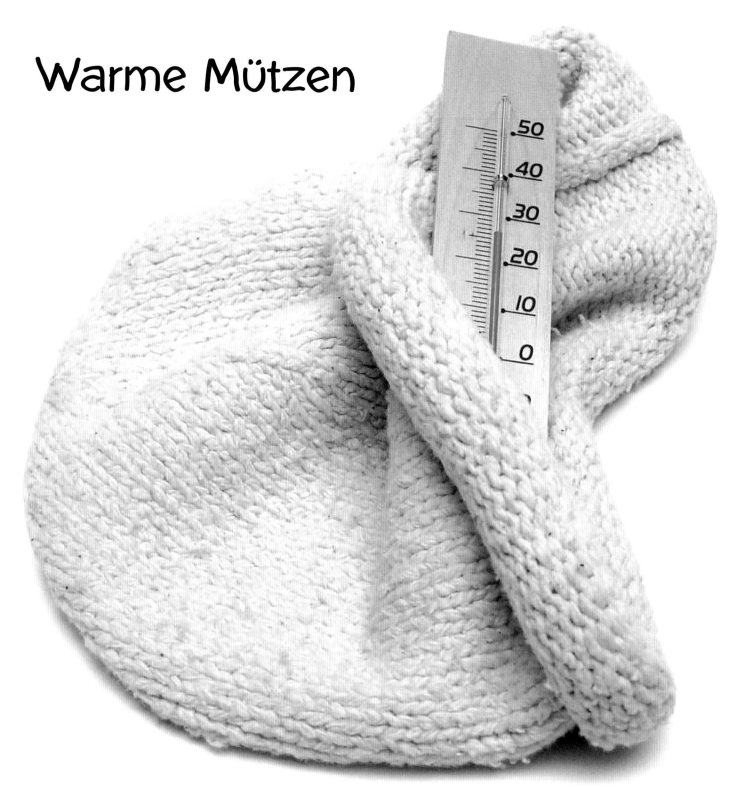

Ich sitze mit Lena beim Frühstück in der Küche, das Radio läuft. In den Nachrichten höre ich, dass diese Nacht die kälteste im ganzen Winter gewesen sei, jedenfalls bisher. Auf dem Minima-Maxima-Thermometer am Balkon sehe ich, dass der Stift auf der Minus-Seite bei der 14 steht.

„Und das", sagt Mutter, „ist wahrscheinlich erst der Anfang. Setz dir ja deine warme Mütze auf." Vor der Schule treffe ich Ludwig, er hat eine Pudelmütze mit Bommel auf dem Kopf und eine Dampfwolke vor dem Mund, als er „Hallo" ruft. Natürlich will er seine Mütze mit mir tauschen, nur kurz – um zu sehen, welche wärmer ist.

Ich habe nämlich eine Klappenmütze, innen mit Lammfell. Die Klappen auf beiden Seiten sind mit einer Schleife nach oben gebunden. Wenn es wirklich kalt wird, löse ich die Schleife, klappe die Seitenteile nach unten und binde sie unter dem Kinn zusammen. Das Beste ist natürlich das Lammfell-Futter. Ich brauche die Mütze nur in die Hand zu nehmen, dann spüre ich schon, wie warm sie ist.

Ludwigs Mütze ist aus dunkelblauer Wolle gestrickt, an den Seiten hat er sie hochgerollt. Die Bommel oben drauf nennt er „Pompon". Wenn es richtig kalt wird, rollt er die Mütze rundherum runter. Dann geht sie über seine Ohren, aber auch über seine Augen. Ich probiere seine Mütze und er probiert meine Mütze. Meine ist viel wärmer. Aber Ludwig will es nicht zugeben. Er behauptet, dass beide Mützen überhaupt nicht warm sind. Das wollen wir aber mal sehen.

Nach der Schule gehen Ludwig und ich ins Kaufhaus und kaufen jeder ein billiges Thermometer. Wir nehmen beide das gleiche Modell, so dass wir zwei genau gleiche Thermometer haben, die hoffentlich auch genau gleich gut messen. Die stecken wir in unsere Mützen – das eine in Ludwigs Pudelmütze, das andere in meine Fellmütze – und die Mützen mit den Thermometern legen wir nebeneinander auf die Fensterbank. Wir beschließen, eine Stunde lang zu warten, um dann das genaue Ergebnis abzulesen.

Inzwischen zeigt mir Ludwig, wie ein Thermometer funktioniert. Er hat ein langes dünnes Glasrohr, das in einem Gummipfropfen steckt, und eine leere Flasche aus hellem, durchsichtigem Glas. Er drückt blaue Tinte aus einer Tintenpatrone in die Flasche und füllt sie mit Leitungswasser bis zum oberen Rand. Dann steckt er den Gummipfropfen mit dem Glasrohr fest in den Flaschenhals. Sofort steigt das Wasser ein paar Fingerbreit in das Glasrohr hinein.

Ludwig zieht mit dem Filzschreiber einen Strich an der Stelle, bis zu der das blau gefärbte Wasser reicht. Dann umfassen wir beide mit unseren Händen die Flasche, als ob wir sie drücken wollen. Die Wärme geht von unseren Händen durch das Glas in das kalte tintengefärbte Leitungswasser hinein und erwärmt es.

Ich schaue auf die Uhr. Die Sekunden vergehen, eine Minute geht vorbei und nichts passiert. Aber dann sehen wir, wie das Wasser in dem Glasröhrchen ganz langsam über den Strich steigt, den Ludwig mit dem Filzstift gezogen hat. Nach etwa drei Minuten ist das Wasser in dem Röhrchen zwei fingerbreit gestiegen.

Ludwig nimmt die Flasche und stellt sie in die Tiefkühltruhe. Ein paar Minuten später nehmen wir sie heraus. Ich sehe, dass die Wassersäule in

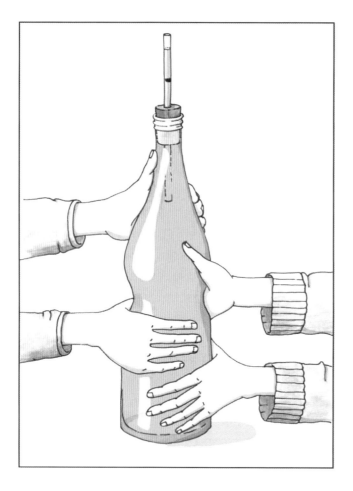

Mützen hinein, jeder in die seine, sagen „Fertig, los!" und ziehen die beiden Thermometer genau gleichzeitig hervor. Wir halten die Thermometer nebeneinander und lesen unsere Temperaturen ab. „18 Grad!" rufe ich und Ludwig überbietet mich mit 19 Grad Celsius!

Da stimmt doch etwas nicht. Ich schlage vor, die Thermometer zu tauschen und das Ganze noch einmal zu versuchen. Ludwig ist einverstanden und die nächste Messung gibt für Ludwig und für mich je 18 Grad Celsius.

Vielleicht kommen die Ergebnisse durch den Luftstrom zustande, den ich auf der Fensterbank spüren kann. Ich schlage also vor, den Kühlschrank als Austragungsort zu nehmen. Gesagt, getan – nach nur einer halben Stunde Wartezeit lesen wir unsere Ergebnisse ab: Fünf Grad für Ludwigs Mütze, fünf Grad für meine. Ludwig behauptet, dass im Inneren einer leeren Blumenvase genau die gleiche Temperatur ist wie im Innern einer leeren Mütze. Wir messen nach. Es stimmt.

dem Röhrchen sogar unter den Filzschreiber-Strich gefallen ist.

„Es ist nämlich so", sagt Ludwig, „Flüssigkeiten dehnen sich bei Erwärmung aus. Je wärmer sie sind, desto stärker drücken sie sich selbst auseinander. In der Kälte schrumpfen sie wieder zusammen. So funktioniert das Thermometer."

Dann ist die vereinbarte Wartezeit um. Nach all den Belehrungen werde ich jetzt den Beweis dafür bekommen, dass meine Mütze wärmer ist als die von Ludwig. Und Ludwig wird seinen Irrtum eingestehen müssen. Wir greifen in die

Jetzt einmal nachgedacht: Das Warme an den warmen Mützen stammt nicht von den Mützen selbst. Die halten das Warme nur. So wie wir ja auch sagen: Die Mütze hält warm. Das heißt doch: Sie hält die Wärme. Aber woher soll die Wärme kommen, wenn nicht von unseren Köpfen?

Wir selbst sind es, die den Mützen die Wärme geben, die uns dann wärmt. Ohne die Wärme meines Kopfes ist keine Wärme in meiner Mütze. Und trotzdem habe ich Recht: Meine Fellmütze ist auf meinem Kopf wärmer als Ludwigs Pudelmütze!

Eine Mütze und viele Fragen

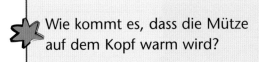

Wie kommt es, dass die Mütze
auf dem Kopf warm wird?

Woher kommt es,
dass bei zwei verschiedenen
Mützen auf zwei verschiedenen
Köpfen die eine wärmer ist
als die andere?

Wie ist es zu erklären,
dass von zwei Mützen,
die nacheinander
auf dem gleichen Kopf sitzen,
die eine die Wärme besser hält
als die andere?

Was bedeutet dann:
Ich friere?

DENKE NACH!

23

Woher kommt die Wärme des Kopfes?

Woher kommt die Wärme des Körpers?

Je kälter es ist, umso wärmer musst du dich anziehen: Was ist damit gemeint? Je wärmer es ist, umso weniger brauchst du anziehen: Stimmt das?

Weshalb tragen manche Leute in den heißesten Ländern lange Gewänder, die den gesamten Körper bedecken?

24

In Japan schauen außer den Händen und den Gesichtern auch die Füße der Babys nackt aus den Kleidern und Decken hervor, sogar im Winter. Die Leute behaupten: Die Füße sind wie die Hände. „Aber frieren denn die Babys nicht an den Füßen?", fragt Lena.

„Mit den Häusern ist es wie mit den Kleidern", sagt Ludwig. „Es geht um Temperaturregelung."
Stimmt das? Oder stimmt es nur zum Teil? An welcher Stelle hinkt der Vergleich von Haus und Kleid am meisten?

25

Die Flamme – Spur einer Verwandlung

In der Adventszeit sehe ich überall Kerzen. Manche sind eigenartig. Ich habe zum Beispiel eine Schneemann- und eine Tannenbaum-Kerze entdeckt, aber am besten ist die Aquarium-Kerze aus durchsichtigem Wachs mit kleinen Fischen und Wasserpflanzen darin. Ich zünde den Docht an und es sieht so aus, als ob das Wasser brennen würde.

Ludwig behauptet, dass die Flamme einer ganz gewöhnlichen Kerze ein noch viel größeres Rätsel ist. Er hält sein Ohr nah an die Kerzenflamme. Ich will gerade sagen: „Brenn dir kein Loch ins Ohr!", aber er legt seinen Finger auf den Mund: „Pst!" Ich soll still sein. Dann tut Ludwig so, als ob er etwas hören könnte. Natürlich versuche ich das auch und nach ein paar Minuten kommt es mir so vor, als ob ich ein feines Summen vernehme. Aber ganz sicher bin ich mir nicht.

„Es ist ein Wind", flüstert Ludwig. „Die Flamme macht ihren eigenen Wind. Sie saugt Luft an und die Luft strömt von unten nach oben, ein leichter Luftzug. Kannst du den Luftstrom erkennen? In der Mitte brennt die Flamme. Wenn ich mit der Hand so herumwedle, bringe ich den Luftzug durcheinander. Dann fängt die Flamme an zu flackern."

Im Sommer war ich am Strand bei einem Lagerfeuer. Es hatte viele Flammen: Sie huschten umher, sie tauchten auf und verschwanden wieder, sie schlugen aus den brennenden Holzscheiten, Funken flogen herum. Ich dachte damals: „Es muss schwierig sein, so ein Lagerfeuer zu malen." Es ist leicht, die Kerzenflamme abzumalen, solange keiner hinein pustet, herumfuchtelt oder sonstwie einen Luftzug macht. Dann brennt sie ruhig vor sich hin.

„Im Weltraum", behauptet Ludwig, „in einer Raumstation zum Beispiel, würde die Flamme anders aussehen: Nicht wie eine Mandel, sondern wie eine Kugel. Weil dort die Luft nicht von unten nach oben zieht, sondern von allen Seiten herbeiströmt. Der dunkle Teil in der Mitte der Flamme ist dort auch rund und die große gelb leuchtende Spitze sieht aus wie eine Leuchtkugel um den dunklen Kern."

„Das Problem ist", erzählt Ludwig weiter, „dass dann das flüssige Kerzenwachs überall herum fliegen würde."

Es sei nämlich so: Der Luftstrom von unten nach oben streicht an dem Kerzenkörper entlang und kühlt das Wachs. Deshalb entsteht unter der Flamme ein kleiner Trog mit einer Wand aus festem Wachs, in dem das geschmolzene Wachs drin schwimmt wie Wasser in einer Schüssel. Von dort steigt es im Docht nach oben, wird zu Dampf und verbrennt. „Aber wieso steigt das flüssige Wachs denn nach oben?", frage ich erstaunt. „Weil etwas Flüssiges in etwas Gewebtem immer nach oben steigt", antwortet Ludwig. Er schüttet Wasser aus einem Glas auf den Tisch und eine Pfütze entsteht. Dann hält Ludwig ein Geschirrtuch mit der Kante in die Wasserpfütze und wir beobachten, wie das Wasser im Tuch nach oben steigt und wie gleichzeitig die Pfütze auf dem Tisch verschwindet.

Ludwig nimmt das Glas, das noch halbvoll Wasser ist, und hängt einen gewebten Schnürsenkel über den Rand. Im Inneren des Glases taucht der Schnürsenkel ins Wasser ein und an der Außenseite liegt er auf der Tischplatte. „Jetzt müssen wir warten, was passiert", sagt Ludwig. „Inzwischen zeige ich dir den Trick mit der Tinte und dem Würfelzucker."

Er schneidet eine Tintenpatrone einfach mit der Schere auf und drückt die Tinte aus der Patrone auf eine Untertasse. Dann stellt er einen Zuckerwürfel in die Tintenpfütze. Die Tinte steigt in dem Zuckerwürfel rasch von unten nach oben, der weiße Zucker färbt sich dunkelblau.

„Aber der Zuckerwürfel ist doch kein Gewebe", sage ich. „Du siehst doch, dass es hier genauso funktioniert", antwortet Ludwig. Dann erklärt er mir, dass Flüssigkeiten auch in Ziegelsteine eindringen. „Das meint man mit dem Satz: ‚Der Schwamm hat sich mit Wasser vollgesogen'."

Ludwig nimmt noch ein Glas und schneidet eine weitere Tintenpatrone auf. Er drückt die Tinte ins Glas und füllt etwas Wasser dazu – es färbt sich dunkelblau. Dann zieht er eine weiße Rose aus dem Adventsgesteck, schneidet den Stiel der Blume ab und stellt sie ins Tintenwasser.

Tinte färbt Rosenblätter

Schließlich lädt er mich ein, mitzukommen und ein paar schöne Kerzen zu kaufen. Wir gehen weg und lassen alles stehen und liegen.

Als wir nach drei Stunden zurückkommen, steht das Wasserglas mit dem Schnürsenkel in einer Wasserpfütze, aber innen ist das Glas leer. Das Wasser ist den Schnürsenkel bis zum Rand des Glases emporgestiegen und dann an der anderen Seite einfach herab gelaufen.

Doch die weiße Rose bietet eine richtige Sensation: Die weißen Blütenblätter sind ganz blau geworden. Wir stecken sie wieder in das Adventsgesteck. „Wahrscheinlich merkt es ja doch keiner", sagt Ludwig. „Aber ist es nicht komisch, dass das Wasser im Blumenstängel so emporgestiegen ist wie in einem Schwamm oder in einem Stück Würfelzucker oder in einem gewebten Stück Stoff? Genauso ist es mit dem flüssigen Kerzenwachs im Kerzendocht: Wenn das flüssige Wachs im Docht nach oben gestiegen ist, verbrennt es irgendwie. Aber was passiert da?"

Je länger Ludwig und ich in die Flamme schauen und auf das feine Summen des Kerzenwindes lauschen, umso rätselhafter kommt uns die Sache vor. Wenn wir rausfinden könnten, an welcher Stelle die Flamme am heißesten ist, wären wir schon ein ganzes Stück weiter: Ob es im Inneren ist, im dunklen Teil der Flamme? Oder dort, wo sie am hellsten leuchtet, in dem gelben und strahlenden Flammenfeld?

Ludwig hat eine Idee: „Wir gehen in die Küche und zünden im Spülbecken eine Kerze an." Ludwig krempelt sich die Ärmel hoch. Dann nimmt er einen Bogen weißes Papier und hält ihn ganz kurz in die Flamme hinein. Dabei ist er sehr vorsichtig und passt auf, dass er sich nicht verbrennt. Es gibt schwarze Wolken und Ringe. „Das ist Ruß, Ruß aus der Flamme", erzählt Ludwig. Mit der Fingerspitze kann ich den Ruß verschmieren, wenn ich das Blatt anfasse.

Ludwig dreht den Bogen Papier um. Er untersucht die weiße Oberseite. „Wenn da eine Brandspur zu sehen wäre", überlegt er, „dann würde sie zeigen, an welcher Stelle die Flamme am heißesten ist."

„Ganz schön clever", denke ich: Wo das Papier oben einbrennt, genau da ist die Stelle, an der es in der Flamme unten drunter am heißesten ist. Aber wie soll das jemand hinkriegen, ohne dass das Papier verbrennt?

Die Kerze steht im Waschbecken, ich halte einen Papierbogen in meinen Händen und führe ihn langsam auf die Kerzenflamme herab. Eine schwarze Stelle erscheint und sofort fängt das Papier Feuer und steht in Flammen. Ein Glück, dass ich den Bogen ohne Schaden einfach ins Spülbecken fallen und verbrennen lassen kann. Aber es riecht doch nach Verbranntem und der Brandgeruch geht auch nicht weg, nachdem wir gelüftet haben.

Ludwig geht es bei seinen Versuchen auch nicht besser. Wir merken, dass wir irgend etwas falsch machen. Wahrscheinlich klappt es nicht, weil wir zu langsam sind. Man muss den Bogen schnell wieder von der Flamme wegnehmen, sobald sich auch nur die Spur von einer Brandspur oben zeigt.

29

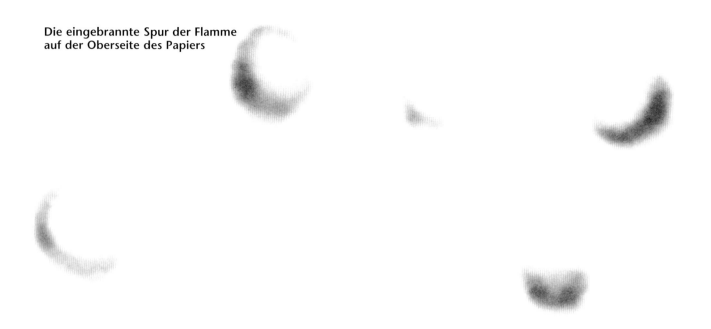

Die eingebrannte Spur der Flamme
auf der Oberseite des Papiers

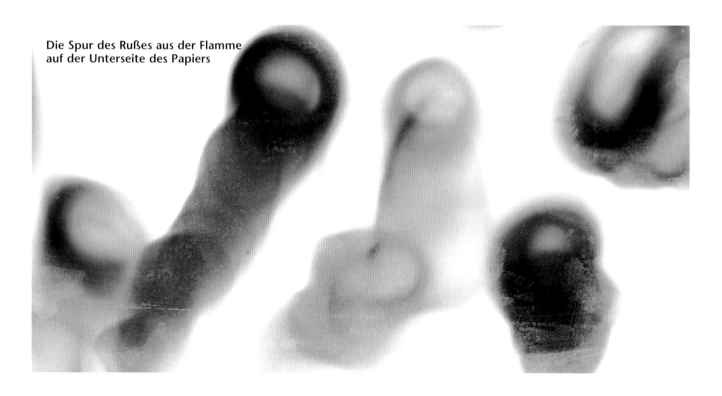

Die Spur des Rußes aus der Flamme
auf der Unterseite des Papiers

Ich versuche es erneut und auf einmal gelingt es: Ich sehe einen Kreis, den die Kerzenflamme in das Papier hinein gebrannt hat. Auf der Unterseite ist das Blatt voller Rußflecken, aber auf der Oberseite ist ein brauner Kreis eingebrannt.

Das ist der Beweis. Die Kerzenflamme ist am äußeren Rand am heißesten. Es ist nicht der dunkle Flammenkern und auch nicht der gelbe Flammenmantel, sondern der äußere Flammensaum. Das Papier zeigt es genau. Der eingebrannte Ring auf der Oberseite ist auf der Unterseite mit einem Rußfleck ausgefüllt.

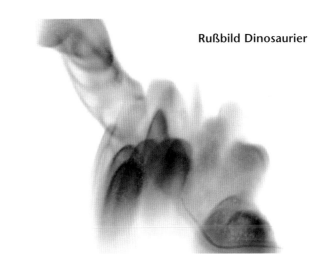

Rußbild Dinosaurier

Wir nehmen eine Untertasse und halten sie in die Flamme. Es rußt und nach kurzer Zeit schlägt sich eine dicke Rußschicht auf dem Porzellan nieder. Der Ruß muss aus dem gelben leuchtenden Flammenmantel kommen. Oder kommt er aus dem dunklen Kern?

„Das kann nicht sein", behauptet Ludwig. Er pustet die Flamme aus und ein grauer und weißer Dampf steigt auf. Es riecht nach Kerzenwachs. „Das ist der Dampf aus dem Inneren der Flamme", sagt Ludwig. Er zündet den Docht wieder an, pustet die Flamme gleich wieder aus und hält das brennende Streichholz in den weißgrauen Dampf hinein. Sofort springt die Flamme wieder an, wie bei einer stillen Explosion. Ob ich das auch kann? Mit Leichtigkeit.

„Jetzt lass uns mal überlegen, was wir rausgefunden haben", sagt Ludwig. „Also: Der weißgraue Dampf ist aus dem flüssigen Kerzenwachs und er ist im Inneren der Flamme wie ein dunkler Fleck. Aber dann verwandelt sich der Wachsdampf in etwas, das leuchtet und eine Menge

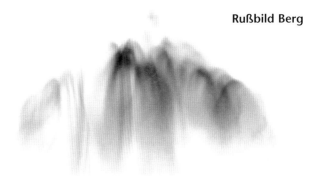

Rußbild Berg

Ruß macht. Und zum Schluss wird aus dem Zeug etwas Unsichtbares. Aber an der Stelle, wo es sich verwandelt, am äußeren Rand der Flamme, gibt es die größte Hitze."

„Und vorher", sage ich, „ist aus dem festen Kerzenwachs flüssiges Kerzenwachs geworden. Das ist in dem Docht nach oben gestiegen und in die Flamme hineingekommen."

So haben wir die ganze Geschichte zusammengefasst: Zuerst fest, dann flüssig, dann Dampf, dann Leucht- und Rußzeug, dann unsichtbar, aber heiß. Es ist die Geschichte einer Verwandlung.

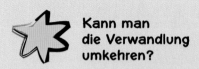

Kann man die Verwandlung umkehren?

Wachs → Flüssigwachs → Wachsgas → Wasserstoff und Ruß → Wasser und Kohlendioxid

Kein Mensch kann diese Verwandlung umkehren. Aber Pflanzen machen aus Wasser, Luft und Licht ihre Blätter und Stängel, ihre Blüten und Früchte. In Früchten ist Wachs, und aus diesem Wachs können wir Kerzen machen.

Die Kerzenflamme als Verwandlungsmaschine

Zünde eine Kerze an und versuche, die Flamme zu zeichnen. Folgende Informationen können dir dabei helfen:

- Die **Flamme** verwandelt das feste Kerzenwachs zuerst in flüssiges, dann in gasförmiges Wachs.

- Im **Flammenkern** geht die Verwandlung weiter: Das Wachsgas zerstiebt in zwei Teile:
  - ein blaues Gas: Das ist der Wasserstoff.
  - und eine leuchtende Wolke aus Millionen winziger Rußteilchen: Das ist der Kohlenstoff.
  Beide zusammen sind der **Flammenmantel**.

- Am Außenrand der Flamme kommt Sauerstoff aus der Luft hinzu. Er verbindet sich blitzartig schnell mit dem Wasserstoff zu Wasser und mit dem Kohlenstoff (Ruß) zu Kohlendioxid. Im **Flammensaum** ist die Verwandlung zu Ende.

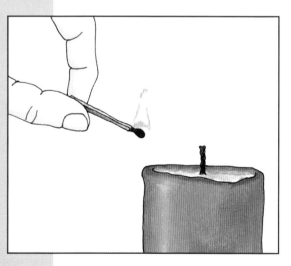

- **Wachsgas** ist im Inneren der Flamme. Es bildet den dunklen Flammenkern. Wenn du ein Streichholz entzündest und die Kerzenflamme auspustest, so gibt es eine grau-weiße Wachsgaswolke. Die wird mit einem „Plopp" wieder zur Flamme, wenn du das brennende Streichholz rasch an die Wolke hälst.

- **Ruß** ist schwarz. Das kannst du am besten sehen, wenn du eine Untertasse aus Porzellan in den leuchtenden Flammenmantel hinein hältst. Aber wenn die Millionen Rußteilchen glühen, dann leuchten sie hell. Trotzdem sind es winzige, feste Teilchen. Es ist das Ruß-Gas, das in der Flamme leuchtet. Im starken Licht eines Diaprojektors wirft der leuchtende Teil der Kerzenflamme einen Schatten an die Wand.

VORSICHT!

Wachs brennt auch ohne Docht

Gib Wachsreste in eine alte Porzellantasse. Erhitze sie auf einer Kochplatte, bis sich leichter Dampf über dem flüssigen Wachs bildet. Ist es nicht erstaunlich, wie ruhig und gleichmäßig die Kerzenflamme brennt, wenn man sieht, wie wild und gefährlich das Wachs ohne Docht flackert?

VORSICHT!
Dieser Versuch ist nicht für Kinder allein geeignet.
Du musst ihn unbedingt mit einem Erwachsenen durchführen. Die Flamme brennt wild wie bei Benzin. Zum Löschen ist nur Sand geeignet. Halte also Sand und eine Schaufel bereit.

Fragen zum Forschen

- Kann man den Verwandlungsvorgang vom Wachs zu Luft, Licht und Wärme umkehren?
- Wieso ist die Kerzenflamme mandelförmig?
- Wie viele Zonen enthält eine Kerzenflamme?
- Woraus besteht der leuchtende Teil der Flamme?
- Weshalb wendet sich der Docht in Richtung des Flammensaums?
- Brennt Wachs auch ohne Docht?
- Woraus besteht der Kerzenkörper?
- An welcher Stelle ist die Flamme am heißesten?
- Welche Verwandlungen passieren im Innern der Flamme?
- Weshalb steigt das flüssige Wachs im Docht empor?
- Weshalb entsteht ein Trog aus Flüssig-Wachs und festen Wachs-Wänden?
- Wie werden Kerzen hergestellt?

Brennende Kerze, Linolschnitt

Kerzen ziehen

1. Fülle den Kochtopf mit Wasser und die Würstchendose mit Wachsresten.
2. Erhitze das Wasser im Topf auf der Kochplatte – es soll nicht kochen, nur heiß werden.
3. Stelle die Würstchendose in das heiße Wasser. Wenn die Wachsreste geschmolzen sind, fülle neue nach, bis die Dose fast voll mit flüssigem Wachs ist.
4. Hänge eine Büroklammer (als Gewicht) an einen Baumwollfaden und tauche den Faden kurz in das flüssige Wachs.
5. Nimm ihn dann heraus und lasse die Wachsschicht abkühlen. Tauche ihn dann wieder kurz ein und lasse die Wachsschicht abkühlen. Mache so lange weiter, bis eine schöne Kerze entstanden ist.

Weshalb wendet sich der Docht in Richtung des Flammensaums?

Der Docht ist so gesponnen, dass er sich nach außen in den Flammensaum biegt. Dort kann er restlos verbrennen. Der Sauerstoff aus der Luft verwandelt den Docht an einem glühenden Punkt in Kohlendioxid.

Früher hatten die Kerzen nur gerade gesponnene Dochte. Sie blieben im Flammenkern stehen und setzten rasch einen dicken schwarzen Klumpen an. Die Flamme fing dann an zu flackern und eine Rußfahne stieg empor. Die Leute nahmen eine Lichtputzschere und schnitten den Klumpen ab.s

Materialien fürs Kerzen ziehen
- Kerzenreste
- Baumwollfäden
- Büroklammern
- Kochtopf mit Wasser
- leere Würstchendose (hoch und schmal)
- Kochplatte

AUFGABE ·

Wenn du mit ein paar Freunden Kerzen ziehen willst, versucht die Arbeit zu organisieren.
Wie könnt ihr mehrere Kerzen gleichzeitig ziehen?

In der Welt des Wassers

Am Dienstagnachmittag sehe ich etwas Schlimmes: Unzählig viele tote Fische. Manche leben noch ein bisschen, sie öffnen das Maul und schnappen nach Luft. Die meisten sind aber schon mausetot oder fischtot – eine Masse toter Fische. Ich stehe am Wehr und gucke ins Wasser. Es stinkt. Ich denke: Etwas Schreckliches ist hier passiert.

Zu Hause erzähle ich beim Abendessen davon, aber Mutter will nur wissen, was ich allein unten am Fluss zu suchen hatte. Und am nächsten Morgen, als ich es in der Schule erzähle, sagt Anna, in der Zeitung hätte sie etwas über das Fischsterben gelesen. Nach der Schule kommt Ludwig mit ans Wehr, um die Fische anzugucken. Wir brechen lange Ruten von den Weiden-

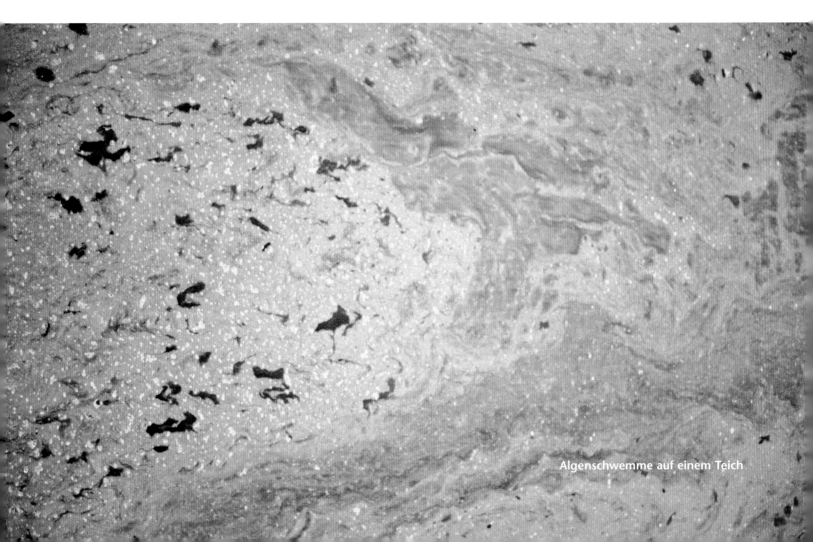

Algenschwemme auf einem Teich

büschen am Ufer und angeln uns damit einen toten Fisch ans Ufer. Dann werfe ich den glitschigen Fischkörper aufs Gras.

Die Schuppen sehen aus wie helles und dunkles Silber, die Augen wie Gold und die Flossen – die Schwanzflosse, die Rückenflosse, die kleinen Flossen hinten am Körper und die Flossen vorne am Kopf – sind rötlich. „Das sind die Kiemenflossen", sagt Ludwig. „Und hier sind die Kiemenklappen. Hinter dem Auge ist eine Klappe wie ein Halbmond." Er hebt sie mit dem Finger empor und ich sehe zwei rote Reihen wie zwei Kämme aus feinen Fleischfäden.

„Dadurch atmet der Fisch", sagt Ludwig. Er redet wieder so gelehrt wie ein Professor: „Der Fisch nimmt Wasser ins Maul und presst es durch diese Kiemen. In den Kiemen bleibt Sauerstoff hängen und geht von da ins Blut. So lebt und atmet der Fisch im Wasser."
– „Sauerstoff?"
– „Ein Gas in der Luft, das wir mit den Lungen einatmen. Das holen die Fische mit ihren Kiemen aus dem Wasser, weil es auch im Wasser ist, in winzig kleinen Bläschen."
– „Und wieso sterben Fische, wenn sie an die Luft kommen – da gibt es doch viel mehr Sauerstoff, Herr Professor?"
– „Aber da funktioniert die Kiemenatmung nicht, die Fische ersticken. Und für uns funktioniert es unter Wasser nicht, wir ertrinken."

Wenn jemand so redet, werde ich misstrauisch. Für mich hört es sich zu einfach an. Als ob eine wirklich komplizierte Sache glatt geredet werden soll. Deshalb denke ich darüber nach, was

an Ludwigs Erklärung nicht stimmt. „Und wie erklärst du, dass die Fische das bisschen Sauerstoff im Wasser atmen können? Brauchen sie so viel weniger als die Landtiere?"

„Nein, nein", antwortet Ludwig, „sie brauchen ähnlich viel Sauerstoff, aber mit den Kiemen können sie viel mehr aufnehmen als die Landtiere mit den Lungen. Die Fische holen fast alles, was es an Sauerstoff im Wasser gibt, mit ihren Kiemen heraus. Wir Menschen nehmen nur den zwanzigsten Teil des Sauerstoffs aus der Luft und atmen 95 Prozent davon wieder aus."

„Aber wieso sterben sie dann an der Luft, wo es doch viel mehr Sauerstoff gibt als im Wasser?", frage ich zurück. Ludwig denkt nach, dann gibt er zu: „Ich weiß es nicht."

Ich drehe den Fisch mit der Weidenrute um. „Es ist eine Rotfeder", erkennt Ludwig. Auf der anderen Seite hat die silberne Schuppenhaut einen dunklen, matschigen Fleck. Vom Wasser kommt ein Geruch wie Schlamm und Verwesung. „Lass uns gehen", schlage ich vor.

Wir gehen über die Uferwiesen zur Straße zurück. „Jedenfalls ist nicht genug Sauerstoff in dem Wasser gewesen; deshalb sind sie verreckt!", behauptet Ludwig. „Verreckt" – was für ein schreckliches Wort! So gehen wir auseinander.

„Schau mal", sagt Ludwig am nächsten Tag, „alles hängt am Sauerstoff!" Er zeigt mir einen Bogen Papier mit kleinen Bildern und Erklärungen daneben. „Siehst du, die kleinen Tiere hier auf den Bildern finden wir alle im Wasser, je nachdem, wie viel Sauerstoff drin ist. Zum Beispiel die

Larve von der Eintagsfliege hier: Die kann nur in Wasser leben, in dem es viel Sauerstoff gibt. Aber die Tubifex-Würmer da, die leben in Wasser mit ganz wenig Sauerstoff."

In den Wiesen, wo die Häuser aufhören, gar nicht weit von uns, fließt der Geisbach. Ludwig und ich beschließen, dass wir eine Expedition dorthin machen wollen. Wir werden das Leben im Geisbach erforschen. Wir werden herausfinden, ob im Wasser des Geisbaches viel oder wenig Sauerstoff ist. Dazu müssen wir herausfinden, welche kleinen Tiere in dem Wasser leben. Ludwigs Liste mit den Tierbildern und den Namen ist ein wichtiges Forschungsmittel. Wir nehmen außerdem ein paar leere Joghurtbecher mit und natürlich unsere Lupen. Wichtig ist auch die Forscherkleidung: Gummistiefel.

Ich setze mich auf den Uferrand und lasse mich vorsichtig in den Bach hinunter rutschen. Das Wasser fließt schnell und drückt gegen die Gummistiefel. Es ist zwar nicht tief, aber ich muss aufpassen, dass ich auf den glitschigen Steinen nicht ausrutsche. Durch die Gummistiefel hindurch kann ich die Kälte des Wassers spüren. Die Steine sind mit einer braunen und grünen Schicht überzogen. Durch die vielen kleinen Wellen hindurch kann ich sie nicht ganz klar sehen. So bücke ich mich und taste nach ihnen. Ich greife einen schönen dicken Stein und gebe ihn Ludwig, der oben auf der Uferböschung neben mir steht. Aber auf dem Stein sind nur dunkelgrüne Algen.

Nach einer Zeit kann ich den Boden des Geisbaches besser erkennen. „Deine Augen haben sich an den Bach gewöhnt", meint Ludwig, der jetzt auch darin umher watet. Er hat einen Kescher mitgebracht: Ein Netz aus einem Nylonstrumpf, das über einen Drahtrahmen gespannt ist. Den Rahmen hat Ludwig aus einem Kleiderbügel aus Draht selbst gebogen und der Strumpf ist sicher von seiner Mutter.

Ludwig schlägt vor, dass ich vier oder fünf Schritte stromaufwärts gehe und mit meinen Gummistiefeln den Boden des Baches aufwühle. Er will den Kescher weiter unten stromabwärts in die Strömung halten. Mal sehen, ob es was nützt!

Ich schiebe die Steine zur Seite, darunter ist eine Mischung aus Sand und Schlamm. Darin wühle ich mit dem Gummistiefel herum, als ob ich eine kleine Grube aushebe. Das Wasser wird ganz trübe und fließt rasch davon, aber Ludwig hält den Kescher in die Strömung. Als er ihn aus dem Wasser heraushebt, ist der Zipfel des Nylonstrumpfes voll mit kleinen Stöcken und Steinen. Wir klettern aus dem Bach heraus, verteilen den Inhalt in zwei Joghurtbecher und betrachten unseren Fund genau durch die Lupen.

Da windet sich ein Tier, fast so lang wie mein kleiner Finger, rasch hin und her. Es ist braun und beige und versucht dauernd, sich unter kleinen schwarzen Ästen zu verstecken. Ludwig und ich schaffen es mit einiger Mühe, das Tier in einen Joghurtbecher umzuschütten, in dem nur Wasser ist. Jetzt können wir es genau betrachten. Es ist lang, hat vorne Greifzangen und hinten einen dünnen Doppelschwanz. Ludwig zeigt mir auf dem Bestimmungsbogen mit den Tierbildern und den Namen, dass es eine Steinfliegenlarve ist.

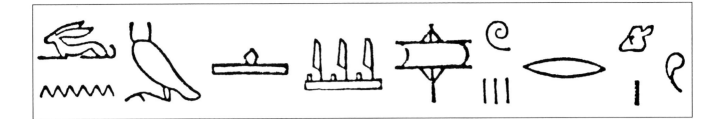

„Gewässergüteklasse eins!", ruft er. „Der Geis-bach ist sauerstoffreich. Wo es Steinfliegenlarven gibt, da ist viel Sauerstoff im Wasser."

Ich schaue mir die Larve mit den beiden Lupen genau an. Sie sieht noch unheimlicher aus als eine Ameise. „Erst lebt sie jahrelang im Wasser. Dann klettert sie heraus und wird zu einer Fliege mit großen Flügeln, die ein paar Wochen lang umherfliegt und schließlich stirbt", erzählt Ludwig.

Am Abend, zu Hause, erzähle ich meinen Eltern und Lena von unserer Expedition und davon, dass wir den Geisbach der Gewässer-güteklasse 1 zugeordnet haben. „Wir sind dann noch am Gartenteich unserer Nachbarn gewesen und haben dort im Schlamm nur Tubifex gefunden: Leider nur Gewässergüteklasse 5!"

Lena fragt mich aus: Ob Tubifex die Würmer sind, die aussehen wie Zwirnsfäden? Ob das die gleichen sind, mit denen die Fische im Schul-aquarium gefüttert werden? Wie die Steinflie-genlarve aussieht und was wir mit ihr gemacht haben? „Freigelassen im Geisbach, natürlich", sage ich."

Ein paar Tage später gibt mir Ludwig einen Zettel. Darauf ist eine Reihe mit höchst seltsamen Zeichen.

– „Was ist denn das?"
– „Hieroglyphen, ein Spruch aus dem ägypti-schen Totenbuch!"
– „Hieroglyphen, das ägyptische Totenbuch! Was um Himmels Willen hast du denn da schon wieder an Land gezogen?"
– „Das berühmte Totenbuch ist das Buch, das die alten Ägypter ihren Toten mit ins Grab legten. Und Hieroglyphen – so nennt man die alte ägyptische Schrift."
– „Und was bedeutet diese Zeile?"

Ludwig setzt sich aufrecht hin und sagt feierlich: „‚Sei in Frieden auf dem Felde des Friedens, und hab genug Luft für die Nase.' Siehst du", meint er und zeigt mit dem Finger auf das letzte Zeichen, „da ist das Nasenloch." Ich glaube immer noch, Ludwig will mich hinters Licht führen. „Selbst wenn ich dir das glauben sollte: Was soll denn dieser Spruch jetzt für mich bedeuten? Hab genug Luft für die Nase: Das ist doch wohl das billigste, nämlich die Luft, die gibt's ja um-sonst."

„Es ist nur ein alter Segensspruch", sagt Lud-wig. „Damit es uns nicht so ergeht wie den Tieren im Wasser – damit uns der Sauerstoff nicht knapp wird."

Sauerstoff und Gewässergüte

Was ist die Gewässergüte?
Je mehr Sauerstoff in einem
Bach, einem Fluss oder
einem See ist, umso mehr
Tiere können darin leben.
Die Gewässergüte gibt an,
wie gut ein Gewässer ist
und richtet sich nach dem
Sauerstoffgehalt des Was-
sers.

Tiere, die viel Sauerstoff zum Leben brauchen, können nur in Gewässern überleben, in denen viel Sauerstoff ist. Wenn du ein solches Tier in einem Gewässer findest, ist das ein ziemlich sicherer Hinweis darauf, dass dort genug Sauerstoff ist. Wenn du z. B. unter den Steinen eines Baches eine Steinfliegenlarve findest, dann ist das ein Zeichen für den hohen Sauerstoffgehalt des Baches: Die Larve der Steinfliege braucht nämlich viel Sauerstoff zum Leben.

Hier sind drei Zeichnungen von drei verschiedenen Arten von **Steinfliegen** und eine Zeichnung einer **Eintagsfliegenlarve**. Alle vier brauchen viel Sauerstoff. Findest Du ein Gewässer mit diesen Fliegenlarven, dann ist es sauber.

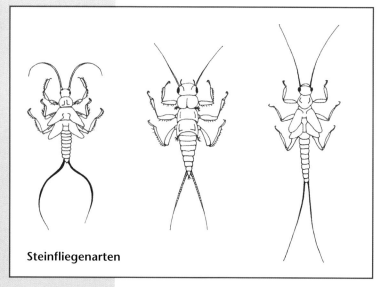

Steinfliegenarten

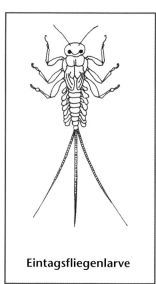

Eintagsfliegenlarve

Und auch die **Köcherfliegenlarve** braucht ziemlich viel Sauerstoff im Wasser. Sie heißt so, weil sie sich ein Gehäuse zum Schutz baut, in dem sie drinsteckt wie die Pfeile in einem Köcher. Rechts oben siehst du drei Larven, zwei mit Köcher und eine nackt, ohne Köcher:

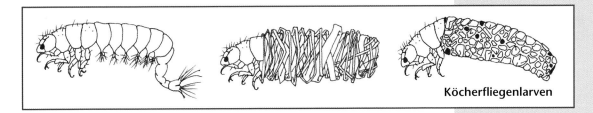

Köcherfliegenlarven

Wasserassel und **Flohkrebs** brauchen nicht so viel Sauerstoff wie die Fliegenlarven.

In manchen Gewässern findest du all diese Tiere nicht, sondern nur noch **Rattenschwanzlarven** und **Schlammröhrenwürmer**. Die Schlammröhrenwürmer werden unter dem Namen „Tubifex" in Tierhandlungen als Fischfutter verkauft. Sie überleben auch in Gewässern, in denen fast kein Sauerstoff ist. Die Rattenschwanzlarve hilft sich anders: Sie atmet durch ihre peitschenförmige Röhre die Luft von der Wasseroberfläche. So ist sie auf den Sauerstoffgehalt des Gewässers nicht angewiesen. Tümpel und Flüsse, in denen du nur diese Tiere findest, sind sauerstoffarm. Ihre Gewässergüte ist niedrig.

Das liegt oft an menschlichen Einflüssen. Manchmal sind es die Abwässer einer Fabrik, manchmal die aus der Landwirtschaft, die ein Gewässer verderben.

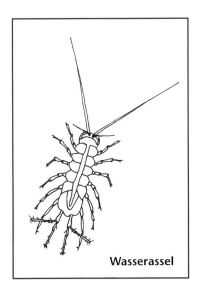

Wasserassel

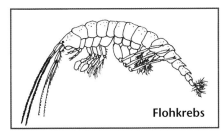

Flohkrebs

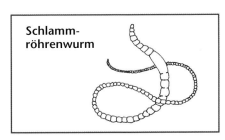

Schlammröhrenwurm

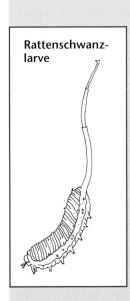

Rattenschwanzlarve

Luft drücken

„Wie kriege ich das Wasser aus diesem Teller in das Glas, ohne den Teller anzufassen?", frage ich Ludwig. Ich habe einen Suppenteller halbvoll mit Wasser gefüllt und stelle ein Trinkglas daneben. „Mit einem Gummischlauch", antwortet Ludwig.

Da merke ich, dass er den Trick mit der Kerze noch nicht kennt und ich führe ihm vor, wie es geht: Zuerst muss ich das Wasser noch einmal ausleeren und den Boden des Teller trocken wischen, weil ich dort einen Kerzenstummel aufstelle. Ich zünde die Kerze an und tropfe ein paar Wachstropfen auf den Tellerboden. Dann drücke ich den Kerzenstummel dort fest. Nun fülle ich den Teller wieder halbvoll mit Wasser und stülpe das Wasserglas umgekehrt über die Kerze. So steht es mit dem Rand im Wasser, die brennende Kerze in der Mitte. Es dauert nur ein paar Sekunden, dann wird die Flamme der Kerze kleiner und erlischt. Genau in dem Augenblick, in dem die Flamme ausgeht und sich eine kleine weiße Fahne von Kerzendampf bildet, steigt das Wasser von unten in das umgestülpte Glas hinein. Das geht rasch – im Nu ist im Glas eine hohe Wassersäule und im Teller um das Glas herum nur eine flache Pfütze.

„Ist ja stark", sagt Ludwig beeindruckt. „Aber wie kommt das denn?" „Also, das geht so", erkläre ich. „Die Flamme verbraucht den Sauerstoff in der Luft. Wenn der Sauerstoff verbraucht ist, dann erlischt sie. Dann steigt das Wasser in das Glas, weil es genau den Teil einnimmt, den vorher der Sauerstoff ausgefüllt hat."

„Woher weißt du denn das?", fragt Ludwig und ich erkläre ihm, dass ich es in einem Buch über erstaunliche Naturphänomene gelesen habe.

„Glaub' nicht alles, was geschrieben steht", sagt Ludwig. „Wenn das so wäre, wie es behauptet wird: Müsste dann nicht das Wasser genau so steigen, wie der Sauerstoff verbraucht wird? Das tut es aber nicht. Du und ich, wir haben doch gesehen, dass es erst in dem Moment steigt, in dem die Kerzenflamme ausgeht. Aber noch wichtiger ist, dass die Flamme ja selbst etwas in die Luft gibt. Sie nimmt, aber sie gibt auch. Sie nimmt den Sauerstoff, aber sie macht mit dem Sauerstoff und dem Wachs ein neues Gas, das in die Luft geht. Es ist also ein Austausch. Deshalb kann deine Erklärung nicht stimmen."

Nun bin ich ratlos. So wie er es erzählt, klingt es logisch. Sollte aber das, was im Buch steht, tatsächlich verkehrt sein?

„Kennst du den Trick mit dem Wasserglas und der Postkarte?", fragt Ludwig. Er nimmt das Wasserglas und füllt es halbvoll mit Wasser. Dann legt er eine Postkarte oben drauf, so dass das Glas abgedeckt ist. Ludwig hält das Glas in der einen Hand und legt die andere Hand auf die Postkarte. Jetzt dreht er das Wasserglas vorsichtig um und nimmt die Hand von der Post-

Fast wie Zauberei:
Das Wasser bleibt im Glas,
die Postkarte klebt darunter.

karte. Das Wasser bleibt im Glas, nur von einer Postkarte gehalten! Kein Deckel, kein Schraubverschluss! Und die Postkarte wird vom Wasser festgehalten, denn wäre das Glas leer, würde sie jetzt einfach runterfallen!

Natürlich versuche ich es auch und es funktioniert. Ich spüre das Gewicht des Wassers in dem Glas in meiner Hand und fühle die Bewegung in der Flüssigkeit. Aber es funktioniert. Wir probieren aus, ob der Trick auch mit sehr wenig Wasser klappt und was passiert, wenn das Glas bis zum Rand mit Wasser gefüllt ist. Nun ist Ludwig ganz in seinem Element. Er erklärt mir, dass in meinen Büchern als Erklärung immer das Wort Luftdruck steht. „Die behaupten, der Luftdruck hält das Wasser im Glas", erklärt mir Ludwig. In einer Zeichnung sieht man Pfeile, die von unten gegen die Postkarte zeigen. Die sollen den unsichtbaren Luftdruck darstellen. „Aber", sagt Ludwig, „ich frage dich, ob das wahr ist. Denn der Luftdruck ist doch überall. Hier im Glas, und wenn ich Wasser hinein fülle, dann ist er im Glas dort, wo da Luft ist. Und wenn ich die Postkarte darüber lege, dann ist der Luftdruck immer noch da: innen im Glas genauso wie außen. Und wenn ich das Ganze jetzt umdrehe, dann ist der Luftdruck immer noch überall der gleiche. Die Luft hätte aber nur dann einen Grund, das Wasser im Glas zu halten, wenn dort kein Luftdruck wäre. Also ist die Erklärung Humbug. Siehst du, was ich meine? Ich bin nicht sicher, aber es ist ein schöner Trick."

Mir fällt ein, dass Ludwig vorhin von einem Gummischlauch geredet hat, mit dem er das Wasser aus dem Teller ins Glas bringen wollte, ohne den Teller anzufassen.

Wir suchen im Keller und finden in der Waschküche ein rotes Stück Schlauch, das länger und dicker als ein Trinkhalm ist. Ludwig füllt den Teller wieder mit Wasser, hält das eine Ende des Schlauchs hinein und saugt an dem anderen Ende mit seinem Mund. Als das Wasser kommt, verschließt er die Öffnung des Schlauchs mit seinem Daumen. Ludwig nimmt das Wasserglas und hält es neben den Tisch, unten ans Tischbein. Dann biegt er den Schlauch über das Glas, hebt den Daumen von der Öffnung und ein Wasserstrahl läuft aus dem Schlauch ins Glas hinein, so lange, bis der Teller völlig geleert ist.

"Und wie erklärst du jetzt das?", frage ich. "Luftdruck", antwortet Ludwig. Aber was ist das für eine Antwort? Gerade jetzt und hier, wo er mir vorher selbst erzählt hat, dass die Erklärung mit dem Luftdruck Humbug ist?

Am nächsten Tag lädt mich Ludwig ein, seinen kartesischen Taucher anzuschauen. Bei dem Wort *kartesischer Taucher* fallen mir die Taucher ein, die ich im Urlaub an der Ostsee gesehen habe: Sie hängten sich Metallflaschen mit Sauerstoff auf den Rücken und watschelten mit ihren Schwimmflossen über den Strand ins Wasser. Dann verschwanden sie bald in den Wellen, ab und zu sah man weiter draußen ihre Köpfe auftauchen. Aber Ludwig sagt, dass sein kartesischer Taucher nur ein philosophisches Spielzeug ist. „Ein philosophisches Spielzeug ist von einem Philosophen erfunden worden. Zum Beispiel hat der französische Philosoph Kartesius den kartesischen Taucher entwickelt."

Ludwigs kartesischer Taucher ist ein Glasröhrchen mit einer Gummikappe in einer mit Wasser gefüllten Whiskyflasche. Die Flasche ist mit einem Korken verschlossen, das Glasröhrchen schwimmt in der oberen Hälfte des Wassers. Ludwig drückt mit der Hand auf den Korken, so dass dieser ein kleines Stückchen weiter in den Flaschenhals hinein rutscht, und das Glasröhrchen sinkt auf den Boden der Flasche. Dann zieht Ludwig den Korken mit den Fingern aus dem Flaschenhals und das Glasröhrchen steigt bis an den oberen Rand des Wassers.

Ludwig erklärt mir: „Das ist eine Pipette. Damit tropft man sich Augentropfen ins Auge. Oben auf dem Röhrchen ist eine Gummikappe. Die drückst du zusammen und lässt sie wieder locker, wenn du einen Tropfen aus der Medizinflasche holst. Und wenn du den Tropfen ins Auge tropfst, dann drückst du die Gummikappe wieder zusammen."

– „Und wieso sinkt und steigt der Taucher im Wasser?"

Der kartesische Taucher

– „Das hat mit dem Luftdruck zu tun. Schau mal genau hin, was im Inneren der Pipette passiert, sobald ich auf den Korken drücke. Aber noch besser – probier es doch selbst aus!"

Ich lege meinen Daumen auf den Korken und drücke ihn nach unten – sofort schießt die Pipette auf den Boden der Flasche. Ziehe ich am Korken, steigt die Pipette empor. Ich probiere das ein paar Mal aus und erkenne dabei: In dem Glasteil von der Pipette ist eine Luftblase. Die ist groß, wenn die Pipette oben im Wasser hängt, und klein, wenn die Pipette am Boden der Flasche ist. Tatsächlich kann ich die Luftblase gar nicht mehr erkennen, wenn die Pipette unten ist – so sehr ist sie geschrumpft. Und beim Aufsteigen dehnt sie sich aus und wird wieder sichtbar.

Ludwig erzählt mir, dass moderne U-Boote genauso funktionieren. Wenn sie sinken, dann fluten sie große Kammern, in denen Luft ist, und wenn sie wieder aufsteigen, dann pressen sie das Wasser mit Druckluft heraus.

– „Aber in der Pipette ist ja keine Druckluft!"
– „Aber in der Restluft ist Luftdruck."
– „Aber bei einem U-Boot ist keiner da, der den Stöpsel in den Flaschenhals über dem Ozean reindrückt oder rauszieht."
– „Wenn der Luftdruck über der Erde plötzlich schwächer werden würde, dann würden die Dinge vom Boden des Ozeans nach oben steigen, in denen ein bisschen Luft ist."
– „Trotzdem ist der kartesische Taucher nicht genau wie ein U-Boot."
– „Aber so ähnlich – und mit Luftdruck hat er auch zu tun."

Der Taucher in der Flasche

Natürlich führe ich Lena den Taucher vor. Dabei nenne ich die Wörter, die mich verwirren: Luftdruck und Druckluft. Lena sagt: „Du kannst Luft zusammendrücken, aber Wasser kannst du nicht zusammendrücken." Mir geht ein Licht auf und ich antworte staunend: „Manchmal sagst du ein paar Worte, die sind so klar wie Glas!" Denn es ist völlig klar, dass die Lösung des Rätsels in dem steckt, was Lena gesagt hat.

PROBIERE ES
SELBST AUS!

Da hat meine Schwester auf einmal noch eine geniale Idee: „Wenn es stimmt, dass der Taucher in der Flasche bei Druck sinkt, dann ist es doch egal, ob der Druck von oben oder von der Seite oder von unten kommt. Druck ist Druck. Wenn wir eine Plastikflasche nehmen und Wasser hinein füllen, die Pipette hineinstecken und den Schraubverschluss fest zuschrauben und dann die Flasche auf den Seiten drücken, sollte die Pipette nach unten sinken. Wenn wir die Flasche wieder locker lassen, muss die Pipette wieder nach oben steigen."

„Lass es uns sofort ausprobieren!", sage ich ganz begeistert.

„Wäre es nicht sensationell, wenn die Sache mit dem Druck von der Seite funktionieren würde?"

Den Luftdruck fühlen

Du musst bei dem Taucher in der Flasche nur einfach den Korken rausnehmen. Dann steckst du deinen Daumen schräg in den Flaschenhals hinein und drückst ihn nach unten. Natürlich musst du aufpassen, dass du mit deinem Daumen den ganzen Flaschenhals ausfüllst – und dass du mit deinem Daumen nicht im Flaschenhals steckenbleibst!
Dann spürst du, wie die Luft dagegen drückt, wenn du sie zusammendrückst. Und du spürst, wie die Luft sich wieder ausdehnen und deinen Daumen aus dem Flaschenhals rausdrücken will.

Wie funktioniert ein Strohhalm?

Einmal haben Ludwig und ich eine Flasche Wasser mit Trinkhalmen leer getrunken. Wenn ich Wasser angesaugt habe, ist es durch den Trinkhalm in meinen Mund gesprudelt. Aber Ludwig hat behauptet, dass es in Wirklichkeit der Luftdruck ist, der auf das Wasser in der Flasche drückt und es durch den Strohhalm in meinen Mund hineinschiebt.

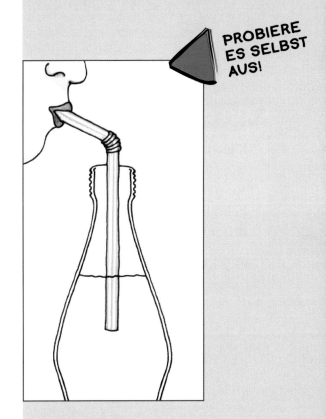

PROBIERE ES SELBST AUS!

– „Und wieso funktioniert das nur, wenn ich ansauge?"
– „Weil du mit der Zunge in deinem Mund einen Raum machst, in dem ganz wenig Druck ist. Es ist kein Saugen von dir, sondern ein Drücken von außen. Du machst nur Platz für das Hineingedrückte. Das Wasser wird von außen in den Hohlraum in deinem Mund reingedrückt."
– „Willst du behaupten, dass ich dauernd Luftdruck im Mund habe, den ich dann mit der Zunge beiseite schaffe?"
– „Muss ja kein Luftdruck sein. Es ist einfach ein Druck im Mund, den du mit der Zunge regeln kannst."
– „Und wann habe ich diese Kunst gelernt?"
– „Als Baby. Schon die ganz Kleinen, die neugeborenen Kinder saugen und nuckeln ja."

– „Genau, aber sie saugen eigentlich nicht, sondern drücken den äußeren Luftdruck zusammen. In einem luftleeren Raum würde es jedenfalls nicht funktionieren. Da fehlt das Luftmeer drum herum und der schönste Strohhalm würde uns beim Trinken nichts nützen."

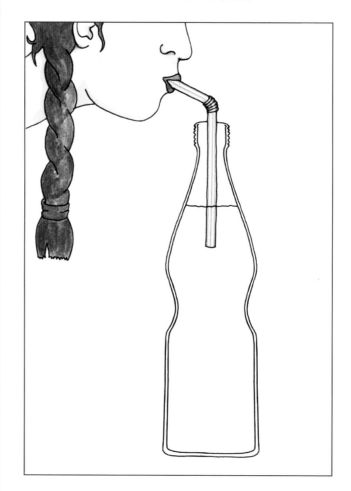

• AUFGABE

Kannst du mit Pfeilen zeigen, wie Ludwig den Vorgang des Saugens durch einen Strohhalm mit dem äußeren Luftdruck erklärt?

Immer noch rätselhaft

Bei dem kartesischen Taucher habe ich begriffen, wie er funktioniert. Aber die ersten drei Vorführungen von Ludwig sind mir immer noch rätselhaft.

1. Der Versuch mit dem Wasser, das im drübergestülpten Glas steigt, wenn die Kerzenflamme erlischt: Es ist doch einleuchtend, dass die Flamme den Sauerstoff in der Luft verbraucht und dass das Wasser deshalb den Teil im Glas einnimmt, den vorher der Sauerstoff innehatte. Aber es ist leider auch genauso einleuchtend, dass der Sauerstoff gar nicht verschwunden, sondern nur umgewandelt ist. Und dann die Beobachtung, dass das Wasser erst in dem Augenblick steigt, in dem die Flamme erlischt und nicht schon vorher!

Schade! So ist die Idee mit dem Sauerstoff nicht mehr zu halten. Unbestritten ist nur, dass der Luftdruck von außen das Wasser im Glas hoch drückt. Aber woran liegt es?

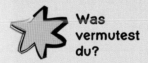

Was vermutest du?

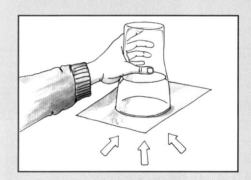

2. Die Sache mit der Postkarte, die das wassergefüllte Glas abdeckt, ist genauso rätselhaft. Der Luftdruck im Glas ist doch genauso hoch wie der außen. Da hat Ludwig sicher Recht. Aber was passiert, wenn nur eine dünne feine Wasserschicht im Glas ist? Oder umgekehrt, wenn das Glas gestrichen mit Wasser gefüllt ist? Oder bei einer hohen Blumenvase voll Wasser? Oder bei heißem Wasser? Oder mit Waschmittel im Wasser?

AUFGABE ·

Bei Ludwigs Versuchen gibt es noch viel auszuprobieren. Vielleicht kommst du der Lösung durch Ausprobieren auf die Spur? Was vermutest du? Welche Versuche helfen weiter? Halte die Ergebnisse in einem Schreibheft fest!

3. Die Sache mit dem Gummischlauch, durch den das Wasser aus dem Teller abfließt, ist rätselhaft, weil das Wasser ein Stück weit nach oben strömt, und zwar im ersten Teil des Schlauches.

Wie kommt das? Kannst du die Erklärung geben?

Der Luftdruck-Kartondruck

Ludwig zeigt mir ein Bild, das er gerade gedruckt hat.
- „Genial, wie hast du das denn gemacht?"
- „Von einem Pizzakarton, mit der glatten Seite nach oben, habe ich einfach einen passend großen Abschnitt mit der Schere abgeschnitten. Du kannst aber auch eine Milchtüte nehmen.
- „Und weiter?"
- „Dann habe ich zuerst mit dem Kugelschreiber die Linien von der Flasche, dem Korken und der Pipette eingezeichnet. Man muss fest aufdrücken, damit es beim Drucken eine weiße Linie gibt."
- „Und welche Farbe nimmst du und wie druckst du?"
- „Linoldruckfarbe", sagt Ludwig. „Genau wie beim Drucken von Blättern und Fischen. Ich walze sie auch mit dieser Walze auf dem Frühstücksbrettchen aus, genau wie beim Naturdruck."
- „Beim Naturdruck hattest du aber eine Glasscheibe, so eine von einem kleinen Bild."
- „Glasscheibe oder Frühstücksbrettchen mit Kunststoffoberfläche – ist doch egal. Hauptsache, du hast eine glatte Schicht, auf der du die Farbe schön gleichmäßig auswalzen kannst. Dann trägst du sie einfach dick und gleichmäßig auf den Karton auf, legst einen Bogen Papier drüber und druckst das Bild dann mit dem Nudelholz."
- „Das Nudelholz ist auch anders als beim Naturdruck!"
- „Da hast du recht. Beim Kartondruck brauchst du ja einen gleichmäßig verteilten Druck."

Lena schaut nachdenklich auf das Bild. „Irgendwas stimmt da noch nicht", sagt sie. „Du hast nur die Striche erklärt, aber wie kriegst du denn die hellen Flächen um die Flasche herum zustande?" Ludwig grinst: „Du bist gut, Lena. Das ist tatsächlich noch ein Trick. Ich nehme ein Schneidemesser, ritze den Kar-

50

ton um die Flasche herum ein und ziehe ihn dann einfach mit den Fingerspitzen ab, so weit er halt abgeht."

Er macht es vor und sagt: „Seht ihr, es geht ganz leicht." Dann walzt er einen dicken Klecks schwarzer Farbe auf dem Frühstücksbrett aus und trägt von dort eine Farbschicht auf dem Karton auf. Er legt einen Bogen Papier auf den Karton, greift nach dem Nudelholz, fasst es an beiden Griffen und wälzt es über dem Druckbild hin und her.

Lena schaut sich das Bild kritisch an. „Ist es nicht genial?", fragt Ludwig. „Sehr ausdrucksstark", antwortet Lena. „Aber leider ein bisschen ungenau." „Ungenau – wo denn?", fragt Ludwig erstaunt. „Die Luftblase im Flaschenhals fehlt, der Korkverschluss sieht eher aus wie eine Baskenmütze, und das ganze Bild hat etwas Flüchtiges", zählt sie auf. „Wenn du es besser machen kannst, bitteschön", sagt Ludwig etwas beleidigt. „Gib mir den Karton, den Kugelschreiber und das Schneidemesser," grinst Lena.

Material für den Kartondruck:
- Karton mit glatter Oberfläche
- Kugelschreiber
- Schneidemesser oder Schere
- Linoldruckfarbe
- Druckwalze
- Nudelholz
- Frühstücksbrettchen mit glatter Beschichtung
- Papier

Eine andere Möglichkeit zu drucken findest du auf S. 128!

Die Kunst der Geräusche

Ludwigs Vater war in Amerika beim Raumfahrtzentrum in Houston und hat eine Menge Bilder und Broschüren mitgebracht. Auf den meisten sieht man Raketen oder die Gesichter von Astronauten. Ludwig meint: „Am interessantesten sind die Raumsonden. Die meisten sind auf einer Mission und fliegen z. B. zum Mars, aber einige fliegen ohne ein bestimmtes Ziel durchs Weltall."

– „Aber was soll denn das, die Dinger kosten doch Millionen?"

– „Trotzdem werden sie auf die Reise geschickt als eine Art Botschaft von der Erde."

– „Du meinst, dass irgendwelche Außerirdischen so ein Ding entdecken. Aber wozu soll das dann gut sein?"

– „Nun, die Raumsonden tragen ein Zeichen von der Erde, manchmal Zeichnungen, manchmal auch Tonaufnahmen. Die Außerirdischen, die so eine Sonde finden, brauchen nur auf einen Knopf zu drücken, und schon hören sie typische Geräusche von der Erde."

– „Fragt sich nur, ob sie davon etwas verstehen können."

– „Genau. Und trotzdem sind diese Sonden unterwegs. Hier steht zum Beispiel, was der amerikanische Präsident als schriftliche Botschaft zu einem Tonband hinzu gegeben hat:

,Dies ist das Geschenk einer kleinen und fernen Welt. Es ist eine Spur von unseren Klängen, von unserem Wissen, von unseren Vorstellungen, von unserer Musik und von unseren Gedanken und Gefühlen. Wir versuchen, unsere eigene Zeit zu überleben, so dass wir in eure Zeit hineinleben können. Wir hoffen, dass wir unsere Probleme lösen werden und dann einer Gemeinschaft galaktischer Zivilisationen beitreten können. Die Ton-Aufnahmen stehen für unsere Hoffnung, unsere Anstrengung und unseren guten Willen inmitten eines endlos weiten und furchteinflößenden Universums.'"

„Ob die fernen galaktischen Zivilisationen das überhaupt hören können?", überlege ich zweifelnd. „Ob sie ein Gerät haben, mit dem sie das Tonband abspielen können?" „Kein Problem", antwortet Ludwig. „Das Gerät ist selbstverständlich dabei. Aber ob sie Ohren haben wie wir und ob sie den Schall mit ihrem Gehirn so zu Tönen umwandeln wie wir, das ist natürlich völlig unbekannt. Und sogar dann, wenn sie hören wie wir, wissen wir nicht, ob sie das hören, was wir hören."

Nun bin ich doch etwas verwirrt. „Moment", unterbreche ich Ludwig, „was meinst du jetzt damit?" „Stell dir vor, in einer Pyramide wird ein Kassettenrecorder mitsamt einer Kassette drin gefunden", holt Ludwig aus. „Er stammt von den alten Ägyptern. Wir Wissenschaftler säubern ihn vom Sand und spielen die Kassette ab. Was würden wir da hören? Vielleicht das Rauschen des Flusses Nil? Einen merkwürdigen Gesang,

Was für ein Geräusch kann man mit Kokosnussschalen erzeugen? ...

den kein Mensch versteht? Das Gekrächze eines heiligen Vogels namens Ibis oder fromme Sprüche?", „Aber woher willst du wissen, dass es fromme Sprüche sind?", werfe ich ein. „Genau!", ruft Ludwig. „Wir wissen zu wenig von den alten Ägyptern. Was für sie wichtig war, ist für uns vielleicht nur komisch."

Ludwig und ich beschließen, eine Tonbandkassette mit unseren eigenen schönsten und wichtigsten Tönen und Geräuschen zu bespielen. Meine Lieblingsgeräusche sind:
- das Trommeln des Regens auf dem Glasdach vom Wintergarten,

- das Sausen des Windes in den Bäumen,
- der bullige Klang der Nebelhörner von den Schiffen im Hafen,
- Gitarren-Musik, vor allem „Das Loch in der Banane",
- der Gesang der vielen Amseln, wenn ich morgens aufwache,
- und das Poppen von Popcorn im Topf.

Das ist erst einmal ein Anfang. „Es wird ein hartes Stück Arbeit", sagt Ludwig, „das alles aufs Tonband zu kriegen. Und ob Außerirdische damit irgendwas anfangen können, weiß kein Mensch." „Aber ich sammle meine Lieblingsgeräusche ja auch nicht für kleine grüne Männchen, sondern für mich selbst und vielleicht noch für dich", antworte ich.

Das Problem mit den Tonbandaufnahmen ist, dass sie sich ganz anders anhören als das, was wir aufnehmen. Zum Beispiel das Sausen des Windes in den Bäumen: Wenn wir das Gerät mit dem eingebauten Mikrofon in den Wind halten, dann hört es sich beim Abspielen der Kassette wie ein Prasseln und Rauschen im Radio an.

Die Nebelhörner, die wir aus der Ferne aufgenommen haben, sind kaum zu hören. Der Gesang der Amseln ist zu einem dünnen Flüstern geworden, das Poppen des Popcorns dagegen hört sich völlig verzerrt an, wie ein Tamburin im Schüttelfrost. Und der Regen auf dem Dach ist zum Dauerkrach geworden, statt das schöne Getrommel zu geben, das ich doch höre. Am meisten bin ich vom Klang des Stückes „Das Loch in der Banane" enttäuscht: Die Gitarre klingt und scheppert wie eine Blechdose.

… Das Hufgetrappel eines Pferdes!

Ludwig nennt folgende vier Lieblingsgeräusche:
– Herzschlag,
– das Knirschen des frischen Schnees bei einer Wanderung im Winter,
– Hufgetrappel von galoppierenden Pferden
– und das Brutzeln von einem frisch aufgeschlagenen Spiegelei in der Bratpfanne.

Er will diese Geräusche in bester Qualität aufs Tonband bringen. Das geht aber nur mit einem Trick: Man darf nicht die echte Geräuschquelle benutzen, sondern etwas anderes, das sich nachher genauso anhört wie das Hörbild, das man im Kopf hat.

„Und wie machst du also den Herzschlag?", frage ich. „Mit einem nassen Geschirrtuch", schlägt Ludwig vor. Er hält es unter den Wasserstrahl im Waschbecken, wringt es aus und nimmt es der Länge nach in beide Hände. Er führt die Hände zusammen, das nasse Tuch hängt nach unten und zieht die beiden Hände dann rasch auseinander. Das Tuch spannt sich plötzlich und macht „Bupp!".

Ludwig schaltet das Tonbandgerät auf Aufnahme und macht vor dem Mikrofon den Herzschlag nach: „Bupp, bupp, bupp." Dann schaltet er den Rücklauf ein und spielt ab, was er gerade aufgenommen hat. Tatsächlich, da ist klar und deutlich ein Herzschlag zu hören.

„Und das Knirschen der Schritte im Schnee?", frage ich. „Ein Beutel voll Stärkemehl", antwortet Ludwig und zeigt mir einen Stoffbeutel, den er mit Kartoffel- und Reisstärke gefüllt hat. Wahrscheinlich hat er den Küchenschrank seiner Mutter geplündert.

Ludwig drückt den Sack zwischen Daumen und Zeigefinger und es knirscht. Er drückt mit der linken Hand, dann mit der rechten Hand, immer abwechselnd – und ich höre die Fußstapfen im Schnee. Wenn ich die Augen schließe, höre ich, wie jemand im Schnee anfängt zu rennen, ich höre ihn stolpern und hinfallen. Und dann wieder das mühsame Herumstapfen im tiefen frisch gefallenen Schnee. Und genau das ist nachher auch vom Tonband zu hören.

„Hufgetrappel kennst du ja", sagt Ludwig und gibt mir die durchgesägte Schale einer Kokosnuss. Ich probiere hin und her bis ich aus dem Getrappel einen richtig schönen Galopp erzeugen kann: „Klakediklak, klakediklak, klakediklak." Mit einem Schlüsselbund lässt Ludwig im Hintergrund das Zaumzeug des Pferdes klirren. Irgendwie hört es sich nachher vom Tonband wieder erstaunlich echt an.

Das mit dem Spiegelei ist besonders trickreich: Ludwig hat einen Pingpongball fast, aber nicht ganz in zwei Hälften zerschnitten. Wenn der hinfällt, hört es sich an, wie wenn ein Ei zerbricht. Wenn ich ein bisschen hin und her probiere, kann ich damit zwischen Daumen und Fingern ein Ei aufschlagen lassen.

Dann nimmt Ludwig Butterbrotpapier und knistert damit eifrig herum. Unser gemeinsames Werk hören wir kurz darauf vom Tonband. Wir haben viel Spaß dabei – aber es ist sehr unwahrscheinlich, dass ferne galaktische Zivilisationen mit diesem Hörspiel irgendetwas anfangen können.

Die Senkelsdorfer Sensation

Personen:

- **Reporter 1,**
  im Garten von Herrn Petersen
- **Herr Petersen,** Hobbygärtner,
  in seinem Garten
- **Reporter 2,**
  im Freibad

1.

„Die Sensation ist perfekt! Zum ersten Mal in der Geschichte der Pflanzenzucht ist es gelungen, eine zweieinhalb Zentner schwere Erdbeere zu züchten. Ich wiederhole: Zweieinhalb Zentner Gewicht, das sind 125 Kilogramm oder 250 Pfund. Die Monster-Beere liegt auf einer Strohmatte in der Plantage von Peter Petersen hier in Senkelsdorf. Herr Petersen, was steckt hinter diesem Züchtungserfolg?"

„Ja, was steckt da dahinter? Also, ich denke mal, das fleißige Düngen und dann eben die Tag-und-Nacht-Bestrahlung mit UV-Licht, das hat da schon was gebracht."

„Was machen Sie jetzt mit dieser Frucht? Für den Transport gibt es da ja wohl ein paar Probleme."

„Probleme – das würde ich so nicht sagen. Sehen Sie, wir haben einen Hubschrauber angemietet, der dürfte das schon schaffen."

Ja, meine Damen und Herren, ist denn das die Möglichkeit? Ich versuche, Ihnen trotz des Lärms mal zu schildern, was sich hier jetzt vor unseren Augen abspielt. Da legen drei Mann einen Tragegurt um die Beere herum. Jetzt fängt einer an, mit einem Gegenstand auf den Stängel einzuhacken.

Ein Hackbeil, natürlich, und er durchtrennt den armdicken Stängel, der die Monster-Beere mit der Pflanze verbindet.

Da, der Hubschrauber geht in den Steigflug, das Seil strafft sich, die Gurtschlinge legt sich fest um die Beere. Hoffentlich kommt es nicht zu Einschnürungen. Und sie hebt sich! Schnell, schnell steigt das rote Monster empor und wird über die Dächer fortgetragen."

2.

„Meine Damen und Herren, hier draußen am Turmsprung-becken des Freibads von Senkelsdorf stehen wir in einer Menschenmenge. Dreitausend, viertausend Leute mögen es sein, die sich hier versammelt haben, um beim großen Erdbeerdip dabei zu sein.

Das Wasser ist gestern aus dem Becken abgepumpt worden. Ein Sponsor, dessen Namen ich hier aus werbetechnischen Gründen nicht nennen darf, hat das Becken daraufhin randvoll mit Schokoladesirup füllen lassen. 4.000 Hektoliter Schokoladesirup ruhen hier – darf ich sagen ‚erwartungsvoll' – vor uns."

(Geräusch eines heranfliegenden Hubschraubers)

„Und da kommt auch schon der Erdbeertransport. Die Monsterbeere, die für dies Ereignis extra gezüchtet worden ist, schwebt sozusagen herbei. Zweieinhalb Zentner Erdbeere werden mit 4.000 Hektoliter Schokoladesirup eine süße Verbindung eingehen.

Da, der Hubschrauber schwebt hoch über dem Becken. Ich schätze die Entfernung zwischen der herabhängenden Riesenbeere und der Oberfläche des Schokoladensirup auf etwa fünfzig Meter. Das wird einen Riesenplatsch geben. Halten Sie Ihre Regenschirme bereit, meine Damen und Herren!

Sobald die Gurte ausgeklinkt sind, wird die Beere herabstürzen wie ein Geschoss. Wir werden Zeuge des größten Erdbeer-Schokoladendips der Welt sein. Inzwischen hat sich hier im Publikum erwartungsvolle Stille ausgebreitet, nur hier und da vereinzelt ein nervöses Kichern, und da: Die Beere ist ausgeklinkt worden! Sie fällt!"

Den Sichelmond springen sehen

Frau Ehlers sammelt im Laufe des Schuljahres Texte und Bilder, die wir im Unterricht schreiben und malen. An einer Wand im Klassenzimmer hängt sie alle Bilder auf, die sie interessant findet. Heute gibt es wieder eine Ausstellung und wir schauen uns die alten Bilder mit *neuen Augen* an. Natürlich sind es unsere alten Augen, aber weil die Bilder jetzt an der Wand aufgehängt sind, sehen sie irgendwie wichtig aus. Es ist, als ob sie unbekannt und neu sind.

Manche Bilder sind eher modern, andere eher altmodisch, aber beide Arten können schön sein. Zum Beispiel das Bild von Ute, „Abendstimmung", das sie sicher irgendwo abgemalt hat: Häuser und Bäume in einer Schneelandschaft, ein paar Kinder mit Schlitten und oben der dunkelblaue Himmel mit gelblichen Sternen und riesigem Sichelmond. Es ist ein Bild wie auf manchen Postkarten, sorgfältig und genau, mit klaren Farben gemalt.

Nur Ludwig findet wieder was zu Meckern: „Das ist ein schönes Bild, aber leider stimmt der Mond nicht." „Wieso?", frage ich irritiert. „Weil es einen solchen Mond abends nicht geben kann", erwidert Ludwig. „Schau dir die Mondsichel an: Ist es ein zunehmender oder ein abnehmender Mond?" Das muss ich mir einen Augenblick lang überlegen. Mir fällt das Gedicht ein, das mein Vater oft aufsagt. Ludwig denkt auch daran und wir sprechen gemeinsam:

„Als Gott den lieben Mond erschuf
gab er ihm folgenden Beruf:
Beim Zu- sowie beim Abzunehmen
sich deutschen Lesern zu bequemen,
ein ℂ formierend und ein ℨ
Dass man nicht viel zu denken hätt.
Befolgend dies ward der Trabant
ein völlig deutscher Gegenstand."

Das große *A* in der deutschen Schrift macht den gleichen Bogen wie die Mondsichel auf dem Bild von Ute: Es ist ein abnehmender Mond. „Und siehst du, den kannst du abends nie und nimmer sehen", sagt Ludwig. „Abends siehst du immer nur den zunehmenden Mond und der ist genau anders herum. Nur morgens siehst du die Sichel des abnehmenden Mondes. Der Mond geht abends immer links von der untergehenden Sonne auf und von der wird er ja beleuchtet."

Da mischt sich Ali ein. Er hat zugehört und findet das Gedicht, das wir aufgesagt haben, falsch. Er sagt: „Es ist anmaßend, wenn ihr behauptet, der Mond ist ein deutscher Gegenstand. Denn der Mond ist vielmehr ein türkischer Gegenstand. Deswegen ist er auf der türkischen Flagge, zusammen mit dem Abendstern." „Ziemlich dicht zusammen", meint Ludwig. Ob es überhaupt geht, dass ein Stern in Wirklichkeit an der Stelle gesehen werden kann, an der er auf der Flagge zu sehen ist? Würde ihn der Mond nicht verdecken?

Der Mond am Äquator,
wo die Palmen wachsen, sieht
anders aus als in Nordeuropa.

Die Mondzeichnungen von Galileo Galilei

Ali behauptet, dass der Mond in der Türkei anders aussieht als in Deutschland und dass wir deshalb gar nicht mitreden könnten. „Wie denn anders?", frage ich. „Schwer zu sagen, mehr wie ein Boot oder ein feiner Kreis oder so", antwortet Ali.

Dass der Mond anderswo anders aussehen kann, ist vielleicht gar nicht verkehrt. Wie sieht er zum Beispiel auf der anderen Seite der Erdkugel aus, nehmen wir mal Neuseeland? Da wird alles genau umgekehrt sein, vermuten Ludwig und ich: Der abnehmende Mond sieht da so aus wie bei uns der zunehmende Mond und der zunehmende sieht aus wie der abnehmende. Das Gedicht stimmt dann also überhaupt nicht mehr.

„Aber das Bild stimmt dafür dort", rufe ich. „Ute braucht auf ihrem Bild den Mond nicht abzuändern, sie braucht nur das Bild anders zu nennen, zum Beispiel *Abendstimmung in Neuseeland* oder *Abendstimmung in Chile*." „Das ist richtig", sagt Ludwig. Aber er grübelt über Alis Ein-

wand nach. Die Türkei ist nicht auf der anderen Seite der Erdkugel, sondern im Südosten von Deutschland aus gesehen: Ob der Mond dort wirklich anders aussieht als hier?

„Wenn wir wüssten, wie der Mond in der Mitte der Erde aussieht, an der Linie, an der die Nordhalbkugel und die Südhalbkugel der Erde zusammenkommen, dann wären wir einer Antwort schon näher", murmelt er. „Es müsste doch folgendermaßen sein: Der Mond sieht dort an der Linie anders aus als hier."

„Du meinst den Äquator?", fragt Ali. „Genau", sagt Ludwig. „Am Äquator muss der Mond anders aussehen als hier in Deutschland, weil sich ja unter dem Äquator, auf der Südhalbkugel, alles genau umdreht und aus rechts sozusagen links wird. Dann muss es doch so sein: Weil die Türkei näher am Äquator ist als Deutschland, sieht der Mond dort ein bisschen mehr so aus wie am Äquator. Richtig?" Ali und ich sehen uns an und nicken. „Okay", meint Ali,

„aber wie sieht denn nun der Mond am Äquator aus?" „Ich weiß es nicht", antwortet Ludwig, „aber wir können es doch herausfinden."

Zum Glück hat Ludwig einen Onkel, der mal in Afrika gelebt hat. Als Ludwig ihn nach dem Mond fragt, gibt ihm der Onkel sogar ein Foto von der Mondsichel. Das Foto hat er bei den Quellen des Flusses Nil gemacht, ziemlich genau auf Höhe des Äquators. Ludwig bringt es am nächsten Tag mit. „Und ist das jetzt der zunehmende oder der abnehmende Mond?", fragt Ali. „Ich wette, er ist beim Zunehmen", antwortet Ludwig schmunzelnd, „weil er wie ein Lachmund aussieht. Wenn er wie ein Schmollmund aussehen würde, dann wäre er beim Abnehmen. Aber jetzt sag mir, ob du eine Ähnlichkeit mit dem türkischen Mond erkennen kannst?" „Klar!", meint Ali nickend. „So ähnlich habe ich den Mond in der Türkei schon gesehen."

Ludwig überlegt kurz und erklärt dann: „Wenn der Mond aber überall anders ist, sage ich, dann gibt es einen türkischen Mond und einen deutschen Mond und einen neuseeländischen Mond und einen afrikanischen Mond. Dann hat einfach jeder seinen eigenen Mond. Und der Mond ist genauso ein deutscher Gegenstand, wie er ein türkischer Gegenstand ist."

Am Abend treffe ich mich mit Ludwig, weil der Mond am Himmel steht, weil der Himmel wolkenfrei und sternklar ist und weil Ludwig ein Fernglas hat. Wir suchen einen Platz auf dem Rasen, der möglichst weit weg von den Lichtern ist, und schauen den Mond durchs Fernglas an. Es ist sensationell. Ich kann die ganze Mondwelt sehen. Es gibt Täler und Talkessel und Bergzüge und Gebirge. Alles leuchtet kalt und seltsam.

„Die Menschen früher haben einen Mann im Mond gesehen, wie ein Bild auf einer Münze, oder einen Hasen, oder sie haben den Mond als großes Rad aus Käse wahrgenommen", behauptet Ludwig.

Male auf ein Blatt Papier eine Wohnungseinrichtung für Himmelskörper, die 1/6 Erdgewicht haben.

Entwerfe auch für eine Wohnung mit sechsfachem Erdgewicht eine Einrichtung!

Die Sache mit dem „Disein"

„Disein" wird auch so geschrieben: „Design". Es bedeutet einfach „Zeichnung". Designs sind Zeichnungen, die zeigen, wie ein Ding aussehen soll.

Zum Beispiel eine Schultasche für Kinder, die auf dem Mond zur Schule gehen. Denn selbstverständlich würde es auch auf dem Mond Schulen geben, wenn dort Leute leben würden. Die Schultasche würde auf dem Mond nur ein Sechstel ihres irdischen Gewichts wiegen. Sechs Schultaschen auf dem Mond sind erst so schwer wie eine auf der Erde.

Du kannst einen Mond-Schulranzen zeichnen, der sechsmal so groß ist wie dein eigener und trotzdem das gleiche wiegt. Aber du selbst würdest ja ebenfalls nur ein Sechstel deines Erdgewichts wiegen!

Müsstest du nicht schwere Gewichte an den Schuhen haben, um richtig gehen zu können? Und wie soll die Suppe auf dem Teller bleiben, die Bettdecke auf dem Bett, Tisch und Stuhl auf dem Fußboden, die Dachziegeln auf dem Dach und das Wasser im Aquarium?

Da gibt es eine Menge Arbeit für „Diseiner" wie dich.

Oder denke mal umgekehrt:
– Wie wäre es, auf einem Planeten zu leben, auf dem alle Dinge sechsmal schwerer sind als auf der Erde?
– Wer könnte da die schwere Schultasche überhaupt noch heben?
– Und die Füße in den sechsfach schwereren Schuhen?
– Den schwer gewichtigen Löffel mit Suppe vom Teller zum Mund führen?
– Schlafen, ohne von der Bettdecke erdrückt zu werden?
– Einen Stuhl heben?
– Ein Aquarium bauen, das nicht vom Gewicht des Wasser auseinander gedrückt wird?

Erdbewohner beobachten den Mond

Auf der Nordhalbkugel sehen die Mondphasen so aus:

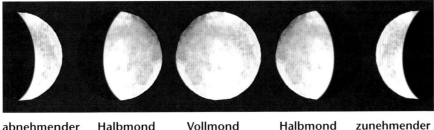

| abnehmender Mond | Halbmond | Vollmond | Halbmond | zunehmender Mond |

Auf der Südhalbkugel sehen sie so aus:

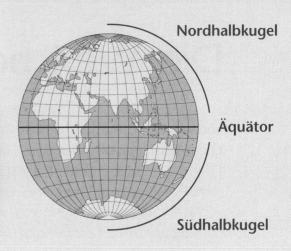

Nordhalbkugel

Äquator

Südhalbkugel

Wie sehen die Mondphasen am Äquator aus?

Ein Mondtagebuch führen

Montag	Dienstag	Mittwoch	Donnerstag	Freitag	Samstag	Sonntag

Zeichne oder schreibe jeden Abend auf, ob du den Mond sehen kannst und wie er aussieht.

Die Welt bei Nacht

Ludwig – immer muss er was Besonderes machen. Über Neujahr war er in Paris, mit seinen Eltern. Die Silvesternacht verbrachten sie auf dem Fluss Seine, an Bord eines Dampfschiffs.

Nach Ludwigs Erzählung war es ein schwimmendes Luxus-Restaurant, und um Mitternacht riefen alle Leute „Bonne Année!" und rannten hinauf aufs Oberdeck. „Feuerwerk gucken", vermute ich. „Feuerwerk gab es gar keins", sagt Ludwig, „aber die Leute singen und tanzen."

Neben ihm stand ein Junge an der Reling, der schaute in den Himmel nach oben und bekam den Mund vor Staunen nicht mehr zu. „Eiffelturm?", vermute ich. „Der war gar nicht zu sehen", sagt Ludwig.

Der Junge fragte ihn, ob das da oben die Sterne seien. Der Mitternachtshimmel war voll von funkelnden, glänzenden Sternen. Der Junge erzählte, er komme aus Mexico-City und dort seien die Sterne unsichtbar. „Luftverschmutzung?", vermute ich. „Genau", sagt Ludwig.

In der Silvesternacht in Paris sah der mexikanische Junge zum ersten Mal in seinem Leben den Sternenhimmel und er hat darüber mit offenem Mund gestaunt. „Aber", werfe ich ein, „deswegen hätte er doch nicht nach Paris jetten müssen! Die Sterne sehen, das hätte er hier bei uns genauso gut haben können, nicht wahr?"

Einen Moment später frage ich Ludwig: „Gibt es in Paris eigentlich mehr Sterne als hier oder gibt es bei uns mehr Sterne als in Paris?" „Wenn die Erde eine Kugel ist", antwortet Ludwig, „und um sie herum ist überall der unendliche Weltraum, dann müssen doch überall auch gleich viele Sterne sein, egal wo du bist, in Paris oder hier oder sonstwo."

So ganz klar ist mir das noch nicht: „Und wie kommt es dann, dass ich in den Skiferien im Gebirge mehr Sterne sehe als hier zu Hause? Letztes Jahr in den Alpen, da war nachts der Himmel so voller Sterne, dass kein Fleckchen ohne Sterne war. Nur wo die Berge den Himmel verdeckten, konnte ich keine sehen, aber sonst war alles voller Sterne. Es sah aus wie ein Tisch, auf dem jemand eine Zuckerdose ausgestreut hatte." Ludwig antwortet: „Wenn der Himmel voll mit Wolken ist, siehst du natürlich nichts."

„Nein, nein", ich schüttele den Kopf, „auch in einer sternklaren Nacht sehe ich hier zu Hause längst nicht so viele Sterne wie ich damals sehen konnte. Vielleicht liegt es ja daran, dass ich in den Alpen so viel näher am Himmel bin als hier im Flachland?" Ludwig überlegt einen Moment und meint dann: „Vielleicht hat es auch mit der Luft zu tun, aber vielleicht hat es auch mit dem Licht zu tun, das von hier unten kommt." Er spricht mal wieder in Rätseln. „Welches Licht von hier unten?", frage ich zurück. „Das Licht von den Straßenlampen, den Autos, den Häusern. Überall kommt das Licht her", erklärt Ludwig.

Er holt eine Karte, die die Welt bei Nacht zeigt. Darauf sieht man, wie die Erde nachts aus dem Weltall aussieht. Das Bild ist aus vielen verschiedenen Satellitenfotos zusammengesetzt. Man kann sehen, wie die Erde nachts so ähnlich leuchtet wie der Sternenhimmel.

„Also, es ist einfach so", erklärt Ludwig, „je mehr Licht von Lampen um dich herum ist, umso weniger Licht von den Sternen kannst du sehen. Je dunkler es auf der Erde ist, umso besser kannst du die vielen Sterne sehen." Das wollen wir draußen gleich mal ausprobieren.

DENKE NACH!

Auf dem Foto ist gleichzeitig Nacht
in Asien, Europa und Amerika.
Wie kann das sein?
Tipp: Die Lösung findest du in der
Geschichte „Die Welt bei Nacht".

Sternenhimmel

Manchmal schaue ich nachts in den Himmel und dann versuche ich, zwischen den Sternen hindurch zu blicken. Ich stelle mir vor, wie es wäre, wenn ich in einem Raumschiff unterwegs bin und immer weiter zwischen den Sternen hindurch fliege, immer weiter von der Erde weg, hin zu den Grenzen des Weltalls.

Vater hat auf dem Bildschirm an seinem Computer einen schwarzen Bildschirmschoner, bei dem in der Mitte dauernd neue Lichtpunkte entstehen. Die Lichtpunkte ziehen dann in alle Richtungen an den Rand und werden dabei immer größer. Manchmal setze ich mich davor und denke: „So ähnlich muss es auch sein, wenn du in einem Raumschiff durch den Weltraum fliegst, immer zwischen den Sternen durch." Aber dabei verliere ich schnell die Geduld.

Im Gegensatz zum Weltraum ist der Bildschirmschoner langweilig. Es passiert nichts, er ist einfach ein Programm mit Punkten. Der Weltraum ist sicher ganz anders. Zum Beispiel haben die Sterne verschiedene Farben. Dann gibt es fantastische Sternenhaufen und Sternennebel, ich habe Fotos davon gesehen. Und wer weiß, wohin man käme, wenn man immer weiter zwischen all den Sternen hindurch fliegen würde: Ob es ein Ende gibt?

Ob der Himmel wie eine riesige Schüssel ist, die jemand umgestülpt hat? Wenn ich mir manchmal abends den Himmel anschaue, sieht er genauso aus wie eine Schüssel oder eine Käseglocke aus Glas, unter der die Erde ist. Ich sehe dann, dass die Sterne und der Mond in Wirklichkeit kleine Lampen sind, die jemand oben an der Decke festgemacht hat.

Ludwig sagt, dass ich das falsch sehe. In Wirklichkeit ist der Weltraum unendlich. „Zwischen den Sternen", behauptet Ludwig, „sind immer noch mehr Sterne. Das Raumschiff, das dauernd weiter fliegt, kommt nie an ein Ende." „Wenn es so wäre, dann müssten wir ja nur Sterne sehen", antworte ich. „Es wäre wie ein Wald aus so vielen Bäumen, dass du zwischen den Baumstämmen gar nicht mehr hindurch schauen kannst. Ich habe ein Foto aus einem Bambuswald, und da siehst du auch nur die Stämme von dem Bambus, ohne Zwischenräume." Zum Beweis zeige ich Ludwig das Foto.

„Und so, wie es mit dem Bambuswald und den Bambusstämmen ist, so müsste es auch mit den Sternen und dem Weltraum sein, wenn du Recht haben würdest", erkläre ich Ludwig. „Wenn der Weltraum überhaupt kein Ende hat, dann gibt es darin so viele Sterne, dass du gar keinen Zwischenraum mehr sehen kannst. Wir sehen eine Wand aus Sternenlicht. Es wird nachts überhaupt nicht dunkel. Aber weil es nachts eben doch dun-

**Der Weltraum ist unendlich.
Zwischen den Sternen sind immer noch mehr
Sterne – wie in einem Bambuswald.**

kel wird, kann es nicht so viele Sterne geben. Die Dunkelheit ist der Beweis: Das Weltall hat eine Grenze."

Ludwig schaut mich verdutzt an, dann murmelt er: „Das ist ein starkes Argument." Er grübelt und schüttelt den Kopf. Nach einer Weile sagt er: „Aber es kann nicht stimmen. Weil das Weltall unendlich ist und weil es eine unendliche Zahl von Sternen gibt, muss es noch eine andere Erklärung geben." „Wenn du so sicher bist", antworte ich, „dann gib mir doch mal eine andere Erklärung."

„Wie wär's, wenn wir einfach die anderen in der Schule fragen?" schlägt Ludwig vor. „Natürlich ist es erst einmal schwierig, ihnen das Problem zu erklären. Aber dazu hätte ich schon eine Idee. Und vielleicht kommt dann jemand auf eine Erklärung, die die Dunkelheit und Unendlichkeit unter einen Hut bringt."

Für seine Idee braucht Ludwig einen Dia-Projektor, vier Dia-Rahmen, Schmirgelpapier und einen Bogen Alufolie. Er schneidet vier kleine Quadrate aus der Alufolie aus, so groß, dass sie in einen Dia-Rahmen hineinpassen. Dann drückt Ludwig die Vierecke aus Alufolie nacheinander auf das Schmirgelpapier. Beim ersten drückt er nur leicht in der Mitte mit dem Finger. In der Folie zeigen sich ein paar winzige Löcher, wenn man sie vor das Fenster hält und genau hinschaut. Bei dem zweiten Stück drückt er ein bisschen mehr, beim dritten noch mehr und bei dem vierten reibt er das Schmirgelpapier mehrmals auf der Folie hin und her. Dann klemmt er die Streifen in die Rahmen hinein und sagt: „Die Show kann beginnen!"

Der Dia-Projektor steht bereit, die Wand ist frei, ich schließe die Vorhänge und knipse das Licht aus. Ludwig legt das erste selbst gemachte Dia ein. Es ist unglaublich: Wir sehen ein Bild, das tatsächlich wie eine Aufnahme des Sternenhimmels aussieht. In der Mitte sind ein paar Sterne, rundherum ist schwarze Nacht. Auf dem nächsten Dia sind ein paar mehr Sterne, auf dem dritten noch mehr, aber das vierte ist mit Tausenden von Lichtpunkten übersät.

Als Ludwig das Dia herausnimmt, leuchtet der Lichtausschnitt grell an der Wand. „Und das ist sozusagen der fünfte Schritt", meint Ludwig. „Verstehst du die Reihenfolge?" „Ich bin doch nicht blind", antworte ich. „Zuerst sind es nur wenige Sterne, dann werden es immer mehr, und schließlich sehen wir eine Wand nur aus Sternenlicht ohne Zwischenraum. Und so müsste es ja sein, wenn das Weltall unendlich ist und es unendlich viele Sterne gäbe." „Genau", meint Ludwig. „Meinst du, dass die anderen die Idee verstehen?" „Das versteht jeder", behaupte ich. „Und jeder wird einsehen, dass das Weltall also gar nicht unendlich sein kann."

Jetzt sind wir auf nächsten Dienstag gespannt. Da dürfen wir nämlich das Problem in der letzten Stunde kurz vorstellen. Ich schreibe folgende Frage an die Tafel: „Wenn das Weltall unendlich ist mit unzählig vielen Sternen: Kann der Himmel nachts trotzdem dunkel sein?"

Als alles vorbei ist und wir am Dienstag nach Hause gehen, frage ich Ludwig: „Was hältst du von der Erklärung mit den schwarzen Löchern? Das war Tims Idee. Er meinte, dass schwarze Löcher das Licht verschlucken. Am Himmel gibt es so viele schwarze Löcher, dass die Wand aus Sternenlicht sozusagen von ihnen durchlöchert ist."

Aber Ludwig findet diese Erklärung nicht einleuchtend. Er antwortet: „Das Licht der Sterne ist wie ein Ozean und die schwarzen Löcher sind höchstens wie winzig kleine Inseln im Licht-Ozean."

„Und was hältst du von der Erklärung mit den schwachen Augen?", bohre ich nach. „Das war Alinas Idee. Sie meinte, das Licht sei da, aber unsere Augen seien zu schwach, um es zu sehen, wenn es von sehr weit entfernten Sternen kommt."

Ludwig meint, dann müsste immer noch ein Lichtschein zu sehen sein. Die Wand aus Licht müsste immer noch da sein wie ein schwaches Leuchten. Ludwig grübelt. Er hat keine Erklärung des Rätsels der Dunkelheit. Und meine Erklärung, dass das Weltall eben doch nicht unendlich ist, will er nicht gelten lassen. In der Klasse sind die Meinungen genauso geteilt. Und Frau Ehlers hat diesmal auch keine Antwort parat.

„Stell dir mal vor", sagt Ludwig, „wir hätten in der Schule nur solche Fragen, auf die keiner eine Antwort weiß!" „Dann würde es ziemlich schwierig mit dem Notengeben werden", antworte ich. „Wie willst du eine Antwort benoten, die nicht richtig und nicht falsch ist?" „Aber wieso?", wirft Ludwig ein. „Du kannst ja Noten geben darauf, wie gut jemand eine Erklärung erfinden kann, auch wenn keiner die genaue Antwort kennt!" „Und weshalb fändest du das besser?", frage ich zurück. „Die Themen wären

interessanter", meint Ludwig. „Am liebsten würde ich nur noch über echte Fragen nachdenken, also Fragen, bei denen die Antwort noch nicht feststeht. Die sind doch spannender als Fragen, auf die es eine Antwort schon längst gibt. Da musst du die Antworten wiederholen, die andere gefunden haben."

Ein paar Tage später erzählt Ludwig auf dem Schulweg, dass er auf eine Erklärung gekommen ist, die ihm selbst einleuchtet: „Es liegt an der Lichtgeschwindigkeit!" Er behauptet, dass das Licht, das im Weltall von den fernen Sternen zu uns unterwegs ist, manchmal viele Jahre braucht, bis es hier ankommt und wir es sehen können. Und dass das Licht von den Sternen, die am weitesten weg sind, noch nicht bei uns angekommen ist.

Das halte ich für Humbug. Denn wenn es so wäre, dann müsste das Weltall so groß sein, dass es sich kein Mensch überhaupt vorstellen kann.

Vater hat mir „Alkor" gezeigt, das Reiterlein auf dem mittleren Deichselstern des Großen Wagens. Da sitzt es, ein kleines Sternchen genau über dem größeren Stern. Man muss schon genau hinschauen, um es zu erkennen. Aber wer es einmal gesehen hat, findet es leicht wieder. Vater erklärt mir: „Das ist ein Seh-Test. Wer Alkor sieht, hat gute Augen."

Ludwig kann den kleinen Stern auch sehen. Er behauptet: „Der Große Wagen ist wie ein Schriftzeichen aus China oder aus Ägypten. Ich merke mir übrigens die Sternbilder, als ob sie Schriftzeichen sind." Er zeichnet mit einem Bleistift den

Sternbild Großer Wagen

Sternbild Schwan

Großen Wagen mit Punkten auswendig auf ein Blatt Papier. Dann holt er eine lange Pappröhre, einen Bogen schwarzes Papier und eine Nadel. Er sticht mit der Nadel ein Muster aus sieben Stichen in das schwarze Papier und hält es vor das eine Ende der Pappröhre. Ich muss auf der anderen Seite hinein schauen. Wenn die Pappröhre auf das Fensterlicht zeigt, sehe ich den Großen

Wagen, den Ludwig in das schwarze Papier hinein gestochen hat. Ludwig kann auch das Sternbild Orion stechen und den Schwan. Er meint: „Das sind die schönsten Sternbilder. Der Orion ist nur im Winter am Himmel und der Schwan nur im Frühjahr und im Sommer. Er wird auch ‚das Kreuz des Nordens' genannt." Heute treffen wir uns nach dem Abendessen. Es ist ein sonniger

Sternbild Orion

einen Bogen anlegen. Vielleicht will er den Großen Bären mit seinem Pfeil erlegen?

Ludwig hat ein Sternenbuch mitgebracht. Mit seiner Taschenlampe schlagen wir dort unter dem Sternbild „Orion" nach. Der hellblaue Stern am unteren rechten Ende des Sternbildes hat den Namen „Rigel". In dem Buch steht, dass Rigel 880 Lichtjahre von der Erde entfernt ist. Dieser Stern ist ein blauer Überriese, der 40.000mal heller strahlt als die Sonne! Aber das Licht, das Ludwig und ich jetzt sehen, ist schon seit 880 Jahren unterwegs. „Vielleicht gibt es diesen Überriesen inzwischen gar nicht mehr", meint Ludwig. „Vielleicht ist er schon vor fünfhundert Jahren explodiert oder zu einem schwarzen Loch geworden, aber es dauert noch dreihundertachtzig Jahre, bis die Menschen auf der Erde davon etwas sehen können."

Nach einer Zeit meint Ludwig nachdenklich zu mir: „Ist es nicht komisch: Solche Zahlen kannst du glauben oder auch nicht. Klar ist jedenfalls, dass die Wissenschaft von den Sternen einiges über die Sterne herausgefunden hat. Als ob ein Geheimnis aufgedeckt worden ist. Aber wenn du die Sterne anschaust, dann weißt du, dass das Geheimnis eigentlich weiterhin trotzdem da ist. Das ist das Merkwürdige: Das Geheimnis wird aufgedeckt, und es bleibt trotzdem ein Geheimnis."

Januartag gewesen. Jetzt in der Dunkelheit ist über dem südlichen Horizont, wo um die Mittagszeit die Sonne stand, ein auffälliges Sternbild zu erkennen. Es sieht wie eine Sanduhr aus und heißt Orion, das bedeutet „der große Jäger". Ich stelle mir die drei Sterne, die in der Mitte in einer Reihe stehen, als eine Art Gürtel vor, und sehe den Mann mit breiten Schultern und Beinen

„Sich mit Pflanzen und Tieren einzulassen
ist wie eine Reise in ein fernes Land",
sagt Lena. „Ein bisschen unheimlich und
wahnsinnig spannend, ziemlich lustig
und total philosophisch."
Ich frage mich, was unheimlicher ist:
die fremde Welt der Ameisen
oder das Brunftgebrüll der Hirsche
im finsteren Wald.

VON TIEREN UND PFLANZEN

Aliens

In der Küche haben wir Ameisen. „Jedes Jahr im Frühjahr tauchen sie auf", klagt Mutter. „Egal was ich mache, es nützt nichts." Aber unsere Nachbarn haben auch welche. Auf dem Küchenfußboden krabbeln sie in einer Linie, von weitem sieht es aus wie ein dünner Faden. Das eine Ende der Linie verschwindet im Schrank unter der Spüle, das andere Ende unter dem Kühlschrank. Ich suche in der Küche umher: Woher kommen sie? Wohin gehen sie? Was suchen sie? Dann entdecke ich, dass die Ameisen direkt aus dem Abfluss in der Spüle herauskommen und auch wieder hineinkrabbeln. Sie sind winzig klein und durchsichtig rot.

Ludwig macht den Vorschlag, die Ameisen zu füttern. Wir nehmen ein Plätzchen von Mutters Teegebäck, zerkrümeln es und streuen ein paar Krümel auf den Weg. Dann schauen wir zu, wie die Tiere winzige Krümel fortschleppen. Sie fressen sie nicht, sondern sie tragen sie weg. Eine Ameise, die einen Krümel trägt, sieht aus wie ein Mann, der einen Felsbrocken trägt. Wir verfolgen den Weg, den sie nehmen. Hinein ins Abflussrohr – irgendwo müssen sie da ein Nest haben und dort bringen sie die Krümel hin.

Wir nehmen unsere Lupen und versuchen, einzelne Ameisen genau zu betrachten. Das ist schwierig, weil sie dauernd in Bewegung sind. Aber wir sehen die Krabbelbeine und die Fühler am Kopf, die dauernd herumtasten. Die einzelnen Ameisen reihen sich in die Ameisenlinie ein. Es ist eine lange Karawane, die auf einer unsichtbaren Ameisenstraße hin und herzieht. Die Straße ist für uns unsichtbar, aber wir sehen die Ameisenlinie. Die Ameisen sind sozusagen ihre eigene Straße.

Wenn ich eine aus der Karawane mit einem Löffel herauswische, rennt sie hin und her und tastet den Boden mit ihren Fühlern ab. Sobald sie dann in die Nähe der unsichtbaren Ameisenstraße kommt, reiht sie sich gleich wieder in die Karawane ein und trippelt mit den anderen weiter.

Ob Ameisen sehen können? Wenn sie sehen könnten, würden sie nicht so lange herumirren. Aber dann können sie auch uns nicht sehen. Wir sind für sie unsichtbar, genau wie die Ameisenstraße für uns unsichtbar ist.

Ob Ameisen hören können? Ludwig und ich sprechen sie an, wir klatschen in die Hände. Sie krabbeln weiter, als sei nichts passiert. Wenn ich fest auf den Boden klopfe, sieht es so aus, als ob die Linie für einen Moment durcheinander gerät. Vielleicht spüren sie die Erschütterung. Sie sehen nicht, sie hören nicht und sie marschieren in einem langen Gänsemarsch aus dem Abflussrohr heraus in die Spüle und von da durch die Küche.

Ludwig behauptet: „Ameisen erfahren die Welt ‚chemisch'. Sie haben eine ganz andere Wahrnehmung als wir. Wenn wir Ameisen beobachten, ist es so als ob wir Lebewesen vom

Mars beobachten. Oder Fremdlinge aus den Tiefen des Weltraums. So ähnlich wie in dem Gruselfilm *Alien*."

Ich finde eine tote Ameise und betrachte sie mit zwei Lupen, die ich übereinander halte. Dabei stelle ich mir vor:

– Was wäre, wenn Ameisen so groß wie Menschen wären?
– Könnten Menschen und Ameisen zusammenleben?
– Oder würden Ameisen gegen Menschen Krieg führen und umgekehrt?

Unser Nachbar, Herr Hohmann, sagt, er habe ein Mittel gegen die Ameisenplage, das sicher wirkt. „Sie müssen sie füttern", rät er meinen Eltern listig. „Ein bisschen Zuckerwasser, vermischt mit Hefekrümeln. Das schleppen sie in ihr Nest und füttern damit ihre Jungen. Die fressen die Hefe, die Hefe geht auf und …", Herr Hohmann klatscht in die Hände, „… sie zerplatzen. Nach ein paar Wochen sind Sie alle los!"

Aber Vater meint, sie würden sowieso verschwinden. „Sie kommen jedes Jahr im Mai und gehen im Juni", meint er. „Und wohin gehen sie?", frage ich. „Wo verbringen sie den Rest des Jahres? Was machen sie im Winter?"

Am Wegrand ist ein Ameisenhaufen. Er ist so hoch wie meine Beine und besteht aus lauter Tannennadeln. Jedenfalls besteht die Schicht, die den Haufen bedeckt, aus Tannennadeln. Im Winter war der Haufen wie ausgestorben, aber jetzt im Frühjahr krabbeln viele Ameisen darauf herum. Dort, wo die Sonne scheint, wimmelt es von ihnen.

Ludwig legt ein Papiertaschentuch auf eine der Ameisenstraßen bei dem Haufen. Die Ameisen rennen durcheinander, dann aber führen sie die Straße einfach über das weiße Papier. Wir sehen sie deutlich. Manche tragen Steinchen oder Zweige, die größer sind als sie selbst.

Ludwig sagt, es seien Rote Waldameisen. Ich lasse eine auf meine Hand krabbeln. Mit der Lupe erkenne ich den Kopf mit den Fühlern und den Zangen. Die Ameise zittert ständig mit den Fühlern, sie tastet meine Haut ab und beißt mit den Zangen hinein.

Ich sehe den Leib mit seinen Ringeln und die sechs langen Beine. Die Ameise biegt das Hinterende zwischen den Beinen nach vorn und spritzt ein Tröpfchen Flüssigkeit dorthin, wo sie mich gebissen hat. Es brennt ein bisschen und es riecht streng und bitter. Ludwig behauptet, dass

es kein Gift sei, nur Ameisensäure, aber ich schüttle die Ameise rasch von der Hand.

Eine ihrer Straßen führt einen Baumstamm empor und wir verfolgen die Spur. Oben – wir können es gerade noch erkennen – machen sich die Ameisen an kleinen Tieren zu schaffen, die auf der Rinde sitzen. Wir sehen nicht genau, was da passiert, aber als wir unsere Hände in der Richtung nach oben ausstrecken, kriegen sie plötzlich den stechenden Geruch von vorhin. Ludwig meint: „Sie spritzen ihre Ameisensäure nach uns."

Ich finde einen toten Schmetterling – „Ein Pfauenauge", sagt Ludwig – und wir beschließen, ihn den Ameisen zu übergeben. Bei einem der Eingänge des Ameisenhaufens legen wir den Schmetterling ab. Sofort stürzen ein paar Ameisen hervor und betasten ihn mit zitternden Fühlern. Es sieht aus, als ob sich der tote Schmetterling bewegt, wenn sie drunter und drüber krabbeln.

Wir wollen zuschauen, was sie tun. Und wir beobachten, wie die Ameisen den Kopf des Pfauenauges mit Zangen abschneiden und wegtragen, wie sie die Beine abschneiden, wie sie den Körper zerlegen und wegtragen, und wie die beiden Flügel übrig bleiben. Aber auch die fallen in vier Teile auseinander und die Ameisen tragen sie in ihren Bau hinein.

Ich frage Ludwig: „Könnten Gentechniker Riesenameisen züchten, so groß wie Mäuse oder Katzen?" Und Ludwig antwortet: „Wenn Ameisen so groß wären, wäre die Welt nicht so, wie sie ist."

Die Fremdartigkeit der Ameisen

AUFGABE •

Schau dir das Gewimmel in einem Ameisenhaufen an: Kannst du eine Ordnung erkennen?
Versuche in einem Lexikon oder im Internet etwas Interessantes über Ameisen zu erfahren.

DENKE NACH!

Ein paar Fragen zum Nachdenken:

- „Sei fleißig wie die Ameisen!" wurden die Kinder vergangener Zeiten ermahnt. Passt das Wort „fleißig" auf Ameisen?
- Wenn wir statt der Augen eine Nase hätten, mit der wir chemische Substanzen wittern würden: Wie würde unsere Welt für uns erscheinen?
- Wenn wir stark wären wie Ameisen – was würden wir alles heben und forttragen können?
- Wenn wir das machen würden, was für unsere Gesellschaft notwendig ist, ohne an unsere eigenen Interessen zu denken, genau wie die Ameisen: Wäre das gut oder schlecht?
- Wenn Ameisen so groß wie Katzen oder Mäuse wären – was wäre in der Welt anders?

In der Welt des Bodens

An einem sonnigen Sonntag im Mai fahren meine Eltern mit mir und Lena ins Grüne zum Picknick. Natürlich macht es Spaß, einen schönen Platz am Waldrand zu suchen, die Decke auszubreiten und zuzuschauen, wie Salat und Hähnchenteile aufgetischt werden. Oder mit Vater nach dem Essen Fußball zu bolzen oder mit Mutter, Vater und Lena Bocciakugeln zu werfen.

Aber leider habe ich noch kein Picknick ohne Langeweile erlebt. Immer kommt eine Zeit, in der alle bloß rumhängen und ich der Einzige bin, der was anstellen will. Dann bin ich völlig auf mich selbst angewiesen. Ich klettere auf einen Baum und halte Ausschau. Vielleicht gibt es irgendwo noch jemanden, der sich langweilt. Aber da sehe ich nur Grün: helles Grasgrün, dunkles Waldgrün und die Hügel weit weg mit blaugrünen Wäldern. Am Himmel sind weiße Wolken und Streifen von Flugzeugen. Ich höre die Maschinen, aber noch lauter ist das Brummen, das von der Straße kommt.

Im Wald entdecke ich dicke Bäume mit grauem Stamm , die hellgrünen Blätter an den Zweigen sehen wie aufgespannte Schirme aus. Unter den Bäumen liegen dicke weiche Polster von altem Laub und Schalen von Bucheckern. Bucheckern kenne ich. Sie fallen aus den stacheligen Hülsen,

sind dreieckig, an der einen Seite spitz, an der anderen flach. Und sie schmecken wie Nüsse, wenn man die dünnen, dreieckigen Schalen mit dem Fingernagel abzieht. Aber hier sehe ich keine. Nur die schwarzen, stacheligen Schalen. Die müssen vom vorigen Jahr sein.

Ich scharre mit dem Fuß im alten Laub herum. Oben ist es trocken und hell, unten wird es feucht und dunkel. Wenn ich ein Loch scharre, so tief wie mein Schuh, ist nur noch braune Erde da, kein Blatt, keine Schale. Und dann, ein bisschen tiefer, ist heller Sand. Es gibt zwei Schichten, den schwarzen Boden oben und darunter den hellen Boden. Das muss ich Vater zeigen! Aber er will's nicht sehen und sagt nur, dass aus den Buchenblättern, die im Herbst von den Bäumen fallen, allmählich schwarzer Humus wird. Und Mutter sagt: „Wofür du dich alles interessierst!"

Ich kenne ein Wäldchen in unserer Nachbarschaft und da gehe ich mit Ludwig am Montagnachmittag hin. Wir haben eine Schaufel aus dem Gartenhäuschen und Plastiktüten mitgenommen. Wir suchen in der Blattstreu herum und finden eine Bodendelle, wo der Wind Blätter hineingeweht hat. Ich grabe mit der Schaufel ein Loch, damit Ludwig die zwei Schichten sehen kann.

Ludwig zeigt mir, wie wir ein genaues Bild von den Bodenschichten bekommen: Er sticht mit dem Spaten vorsichtig gerade nach unten und wischt die Krümel mit der Hand fort. Es sieht aus, als ob wir von der Seite durch eine Glasplatte in den Boden mit seinen Schichten hineinschauen. Obendrauf liegen die dürren Blätter vom Vorjahr.

81

Sie sehen wie Leder aus. Unter ihnen ist eine dünne dunkelbraune Schicht von zerfallenen Blattstückchen mit weißen Fäden drin, die nach Pilz riechen. Darunter ist die schwarze Schicht, die Vater gestern „Humus" genannt hat. Sie glänzt feucht und riecht nach Gartenerde. Ganz unten liegt die dicke weiße Sandschicht. Der Sand hat oben dunkle Streifen. Die stammen sicher aus dem Humus darüber, aber weiter unten ist der Sand weiß-gelb und völlig trocken.

Wir nehmen Proben aus der Blattstreu und aus der braunen Schicht darunter. Dann legen wir auf einer Plastiktüte die Entwicklungsphasen: vom Blatt zum zerfressenen Blatt zum Blattfilz zum Humus. Ich sammle alles ein. Zuhause werde ich es auf einem Bogen Papier aufkleben.

Ludwig greift von oben mit beiden Händen in die Laubstreu und nimmt einfach eine Probe von allem, was da ist: Laub, Blattfilz und Humus. Das steckt er in seine Plastiktüte.

Zuhause holt Ludwig ein weißes Bettlaken herbei. Er breitet es auf dem abgeräumten Tisch aus und schüttet den Inhalt seiner Plastiktüte darauf aus. Mit den Fingern ziehen wir vorsichtig die Häufchen von Blättern und Krümeln auseinander.

Eine Duftwolke von Erdgeruch steigt von dem weißen Tuch auf. Ich finde eine Bucheckernschale, die aussieht wie eine Pfeilspitze, und Ludwig entdeckt die Schale von einem Sonnenblumenkern, die einem kleinen Boot ähnelt. Ich zerkrümele einen Brocken Erde und habe viele kleine Würzelchen zwischen den Fingern, die den Krümel vorher zusammengehalten haben.

Dann beginnen wir, die Tiere zu sehen, die sich bewegen: Ein kleiner Regenwurm, eine Spinne, eine Ameise. Ludwig findet einen Ohrwurm und eine Assel. Und dann gibt es noch mehr Tiere, die wir nicht kennen.

Ludwig hat ein Buch mit Bildern von Bodentieren. Da schauen wir nach und vergleichen, was wir alles mitgebracht haben: Schnurfüßer, Saftkugler, Bandfüßer, Tausendfüßer, Erdläufer, Steinkriecher, Weberknecht, Raubmilbe, Springschwanz, Kugelspringer, Doppelschwanz, Fransenflügler und viele Käfer.

Ludwig hat zwei Lupen. Er gibt mir eine und gemeinsam untersuchen wir unsere Bodenprobe nach kleineren Tieren. Wir erkennen in der schwarzen Humuserde eine Menge kleiner weißer und durchsichtiger Würmer. Im Buch ist das Bild von so einem Wurm und daneben steht folgendes Wort: *Enchyträe*.

Wenn man zwei Lupen nimmt, in jede Hand eine, beide hintereinander hält und hindurchschaut, kann man noch kleinere Tiere und Pflanzen sehen. Ich finde winzige Pilze und Würmchen. Ludwig behauptet, dass ich durch ein Mikroskop ein Gewimmel von Tieren sehen würde, die sonst unsichtbar sind. Ich gebe mir Mühe, mit den beiden Lupen so viel zu erkennen wie ich kann, aber bei den stärksten Vergrößerungen verschwimmt das Bild. Ludwig behauptet, dass in dieser Handvoll Erde mehr Leben ist als auf der Oberfläche des Mondes. Und auf der Oberfläche von Mars und Venus und Pluto und von allen anderen Planeten zusammen!

Der Boden – eine Sequenz

„Waldboden ist eine Sequenz", behauptet Ludwig. Ich frage ratlos: „Was soll das heißen?"

„Eine Sequenz ist eine Reihenfolge, bei der eins aus dem anderen hervorgeht", erklärt er. „Schau dir diese Bodenprobe an. Da hast du alles zusammen. Aber jetzt ordnen wir die Dinge so, wie sie zu der Sequenz gehören." Ludwig nimmt ein großes, trockenes Blatt aus dem Haufen heraus. „Zuerst das Blatt, das im letzten Herbst von einem Baum gefallen ist.", sagt er und gibt mir das Blatt. Ich lege es auf ein großes, weißes Blatt Papier.

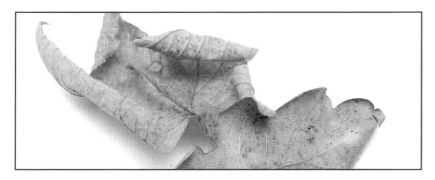

Blätter vom letzten Jahr

„Dann die Blattschicht vom Jahr vorher." Ich fische aus der Bodenprobe die dünnen, fast durchsichtigen zusammengepreßten Blätter, die im Wald dicht unter der Blattstreu lagen. Sie sind fadenscheinig, aber man kann sie immer noch gut als fast vollkommene Blätter erkennen.

Blätter von vor 2 Jahren

83

„Dann das Krümelzeug aus den Jahren vorher."
Tatsächlich: Da ist eine Art Blattfilz, beige und braun und leicht liegt er auf der Hand. Ich könnte ihn wegpusten.

Blattfilz

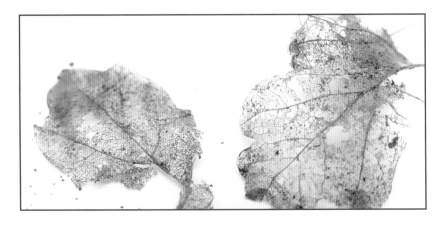

„Und jetzt die Schicht Humus, sie ist aus all den Blättern der Jahre vorher entstanden." Das ist die schwarze gleichmäßig Erdschicht, die so gut nach Waldboden riecht.

Humus

 PROBIERE ES SELBST AUS!

Nimm eine Bodenprobe, schütte sie auf ein weißes Blatt Papier und suche mit einer Lupe nach Bodentieren. Kannst du sie mit einem Bestimmungsbuch identifizieren?

Wenn ich die Serie nebeneinander aufklebe, kann ich drüber schreiben VOM BLATT ZUM HUMUS. „Sequenz", verbessert mich Ludwig, „es eine Reihenfolge, bei der eins aus dem anderen hervorgeht." Ich überlege, wie ich den Humus aufkleben soll. Ludwig meint, das sei ein Problem mit mehreren guten Lösungen. Aber was soll ich nun machen?

Da ist noch etwas: Wie kommt es denn, dass sich die Blätter in Boden verwandeln?
Ludwig erzählt von Pilzen, Bakterien, Insekten und Regenwürmern. Alle würden die Blätter fressen und aus ihren Ausscheidungen den fruchtbaren Boden machen.
Mit der Lupe entdecken wir viele kleine Tiere, die in unserer Bodenprobe herum krabbeln, und wir finden einen Regenwurm. Er ist, was Regenwürmer betrifft, eher ein kleineres Exemplar von Wurm, aber im Vergleich mit den anderen winzigen Lebewesen im Boden erscheint er wie ein Riese.

„Regenwürmer verwandeln die Landschaft!"

Wieder eine von Ludwigs Behauptungen. Drei eckige Blumenvasen aus Glas stehen auf der Fensterbank: Die erste ist mit Gartenerde gefüllt, die zweite enthält im unteren Teil eine Schicht aus hellem Sand und darüber eine Schicht dunkle Gartenerde. Die dritte Vase hat die Gartenerde unten und den Sand oben drüber.
Ludwig zeigt uns einen Plastikbeutel voller Regenwürmer.
Lena findet, dass die Würmer wie ein Haufen von Eingeweiden aussehen. „Traust du dich, da hineinzugreifen und drei Wurmhaufen mit der Hand auf die drei Glasvasen zu verteilen?" frage ich sie. „Klar", sagt Lena und gibt in jedes Glas acht Würmer.

Wissenschaftler haben gefunden, dass auf einem Quadratmeter Boden (das ist ungefähr die Hälfte der Fläche deines Bettes) 50 Regenwürmer in der Erde leben.
- Wie viele Würmer leben im Boden unter einem Fußballfeld von der Größe 100 Meter x 50 Meter?
- Wie viele im Boden eines Wäldchens von einem Hektar Größe?
- 1.000 Regenwürmer wiegen 500 Gramm. Welches Wurmgewicht steckt unter dem Fußballfeld, welches im Boden des Wäldchens?
- Auf einem Hektar wandeln die Regenwürmer jedes Jahr 80 Tonnen Boden in Wurmhumus um. Stell dir vor, welche Masse das in hundert Jahren ergibt!
Sie arbeiten den Boden wirklich durch. Was meinst du: Ob diese Arbeit die Landschaft tatsächlich verändert?

PROBIERE ES
SELBST AUS!

„Woher hast du die denn?", frage ich Ludwig. „Aus dem Komposthaufen von Herrn Hohmann, da wimmelt es nur so von Regenwürmern.", antwortet Ludwig.

Wir schauen zu, wie die Regenwürmer sich in den Boden hineinarbeiten. Ich frage Ludwig:
- „Ob es hilft, wenn man ein bisschen Wasser auf die Erde gießt?"
- „Nein, um Himmels willen, damit würdest du sie ertränken!"
- „Können Regenwürmer denn ertrinken?"
- „Klar, hast du noch keine ertrunkenen Würmer in Pfützen gesehen?"
- „Und was hast du jetzt mit den Regenwurm-Gläsern vor?"
- „Meine Regenwurm-Farm ist eine Forschungs-Station. Ich erforsche das Leben der Würmer im Boden."
- „Wie willst du das denn machen, du kannst ja nicht in die Erde reinschauen. Oder hast du etwa Röntgenaugen?"
- „Wir können Futterale bauen!"

Er holt einen Bogen schwarzes Bastelpapier und zeigt Lena und mir, wie wir das Papier dicht um die Gläser herumlegen können. An den Ecken wird es geknickt und gefalzt. Wenn das Futteral fertig ist, kleben wir es mit Klebestreifen zusammen.

In den Futteralen erscheinen die drei Gläser irgendwie vermummt und geheimnisvoll. Am nächsten Tag ziehen wir die Futterale von den Gläsern ab und sehen die vielen Gänge der Würmer direkt hinter dem Glas. Das ist sehr aufschlussreich. Man kann sehen, was die Würmer anrichten: Was sie fressen, und was sie wieder ausscheiden. Das ist der Wurmhumus, der gilt als der fruchtbarste Boden.

Die Neigung der Würmer zu Kaffeesatz – wissenschaftlich nachgeprüft!

Herr Hohmann behauptet, dass Regenwürmer auf Kaffeesatz völlig versessen sind. Ludwig spielt uns vor, wie Herr Hohmann mit einer Filtertüte voll Kaffeesatz zum Komposthaufen tritt: „Hier kommt der gute Kaffee für die braven Würmer", ahmt er mit tiefer Stimme Herrn Hohmann nach, „lecker, lecker!" „Da fängt es im Komposthaufen zu wimmeln an", erzählt er und wackelt mit den Fingern, um zu zeigen, wie es wimmelt. „Erwartungsvoll strecken die kleinen Tiere ihre Köpfchen aus dem Boden. Ihr kleinen Leckermäuler", ruft Ludwig als Herr Hohmann. „Ludwig, du spinnst", sagt Lena lachend. „Aber vielleicht ist ja an der Behauptung etwas Wahres, dass Regenwürmer Kaffeesatz lieben. Wir können es erforschen."

Hier ist Lenas Idee:

1. Du unterteilst einen Schuhkarton in der Mitte in zwei Hälften. Dazu schneidest du aus dem Deckel des Kartons eine Trennwand. In die eine Hälfte füllst du Gartenerde, in die andere Hälfte die gleiche Menge einer Mischung aus Gartenerde und Kaffeesatz. Auf jede Hälfte setzt du zehn Würmer und ziehst dann die Trennwand in der Mitte heraus.
2. Einen Tag später setzt du die Trennwand wieder ein. Dann löffelst du zuerst die Gartenerde heraus und breitest sie auf einer Zeitungsunterlage aus: Wie viele Regenwürmer halten sich in der Gartenerde auf? Danach löffelst du die Erde-Kaffeesatz-Mischung heraus und bestimmst darin die Anzahl der Würmer. Wo sind die meisten?

Lena sagt: „Je öfter man den Versuch macht, um so genauer wird das Ergebnis." Ludwig sagt: „Lena, du bist eine Wissenschaftlerin!" Und ich sage: „Ludwig, du bist ein Oberlehrer!"

PROBIERE ES SELBST AUS!

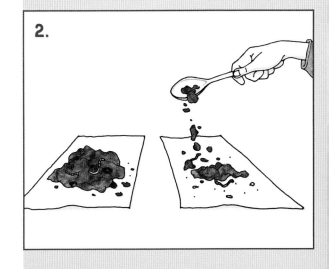

Aus dem Leben
eines Mehlwurms

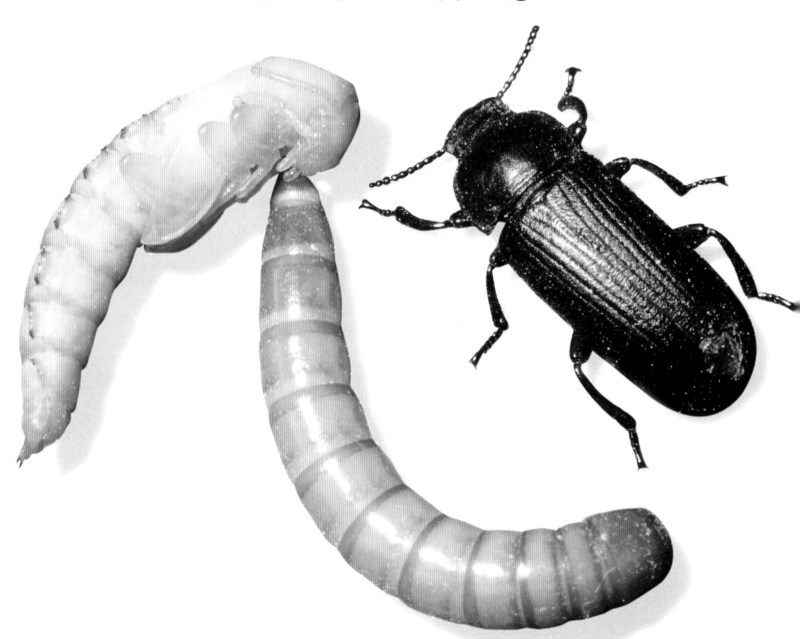

Ich staune über die Haustiere, die sich manche Leute halten. Es gibt Familien, die haben Hunde und Katzen – das ist ja normal. Dann gibt es welche, die haben Hamster, Rennmäuse, weiße Ratten, Chinchillas, Kaninchen, Meerschweinchen, Schildkröten, Fische, Wellensittiche, Kanarienvögel, Papageien und Zwergfinken. Das ist auch alles sozusagen im Rahmen des Üblichen. Aber Ludwig züchtet Mehlwürmer!

Das finden doch viele eklig, vor allem meine Schwester Lena. Ludwig hingegen erklärt: „Mehlwürmer sind gar keine Würmer, sondern die Larven des Mehlkäfers. Auf biologisch heißt der Mehlkäfer ‚tenebrio molitor'." Und dann behauptet er noch: „Ein faszinierend interessantes Lebewesen!"

Er hält die Mehlwürmer in einem großen Einmachglas. Das Glas ist am Boden drei Finger hoch mit Haferflocken, Kleie und kleinen Schnipseln von Zeitungspapier bedeckt. Kleie sind die Schalen von Getreidekörnern, sie sehen bräunlich glänzend aus. Ludwig kauft sie in der Zoohandlung, genau wie die Mehlwürmer. Die werden dort als Lebendfutter für Eidechsen und Singvögel angeboten. Ein Leckerbissen für diese Haustiere, aber ein Forschungs- und Versuchstier für Ludwig. Und nun auch für mich, denn er hat mich zur Mehlwurm-Forschung eingeladen und ich habe mich darauf eingelassen.

Ludwigs Mehlwürmer haben sich in dem Kleie-Haferflocken-Zeitungsschnipsel-Gemisch versteckt. Wir schütten einfach den Inhalt des Einmachglases auf den Tisch. Da krabbeln sie durcheinander, 20 oder 30 gelb-braune Würmer,

die aus lauter Ringen bestehen. Manche sind so klein wie ein Fingerglied, andere eher so lang wie mein halber Zeigefinger. Mit der Lupe kann ich die Beine sehen, die vielen Abschnitte des langen Körpers, vorne den Kopf mit den Zangen, hinten die beiden Hörnchen.

„Wir fangen am besten mit einem Mehlwurm-Bild an", meint Ludwig. „Dabei müssen wir die Beine zählen und die Zahl der Ringe entlang dem Körper. Alle Mehlwürmer haben die gleiche Anzahl."

Haben sie Augen? Ich kann keine entdecken. Nur das Maul zwischen den beiden Zangen am Kopf. Und Ohren? Auch nicht. Und eine Nase? Nicht zu erkennen. „Aber wie finden sie ihren Weg, wenn sie nicht sehen, nicht hören, nicht riechen?", frage ich Ludwig etwas ratlos. „Vielleicht riechen sie ja doch was", meint Ludwig. „Stell dir vor, du bist in einer Turnhalle. Deine Augen sind mit einer Schlafbrille abgedeckt und deine Ohren sind mit Ohrenstöpseln verschlossen. Und du sollst ein parfümiertes Taschentuch finden, das irgendwo in der Turnhalle am Boden liegt. Was würdest du tun?"

„Ich denke, ich würde auf allen Vieren herumkriechen und so lange herumschnüffeln, bis ich den Parfümgeruch in die Nase kriege. Und dann wäre es leicht!", antworte ich.

Ludwig nickt: „Wenn ein Mehlwurm riechen könnte, würde er's wahrscheinlich ziemlich genauso machen. Lass uns das mal nachprüfen. Also hier ist die Turnhalle."

Ludwig nimmt den Deckel von einem Schuhkarton. Er legt einen Bogen weißes Papier hinein und schüttet ein paar Haferflocken in die Mitte. „Mehlwürmer fressen Haferflocken", meint er. „Und außerdem verstecken sie sich in den Haferflocken-Bergen. Ein Häufchen Haferflocken ist für einen Mehlwurm wie Haus und Bett und Frühstück – alles auf einmal. Wenn ein Mehlwurm könnte wie er wollte, wäre er immer nur im Dunkel eines Haferflocken-Häufchens und nie auf dem weißen Papierbogen im grellen Licht." „Wenn wir jetzt seinen Weg mit einem Bleistift nachfahren, dann haben wir die Spur, auf der er vom Hellen ins Dunkle findet", schlägt Ludwig vor. „Verstehst du, was ich meine?" Ich bin nicht sicher.

„Ich zeig's dir", antwortet Ludwig. Er nimmt mit den Fingerspitzen einen Mehlwurm, der besonders viel umher kriecht, und setzt ihn in eine Ecke auf den Bogen Papier im Schuhkartondeckel, ein Stück entfernt von dem Haferflockenberg in der Mitte. Das Tier kriecht sofort los und Ludwig zeichnet mit der Bleistiftspitze die Spur des Weges nach, immer dem Mehlwurm hinterher.

Ich nehme mir den Schuhkarton und mache es Ludwig nach. Mein Mehlwurm kriecht auf den Haferflockenberg zu und ist bald darin verschwunden. Meine Spur ist wie eine ziemlich gerade Linie. Wer so zielstrebig marschiert, weiß auch, wo er hin will.

Ludwigs Mehlwurm aber geht viele Umwege, bis er schließlich in dem Häufchen verschwunden ist. Rein zufällig, finde ich.

Vielleicht hat meiner seinen Weg ja mit dem Geruchsinn gefunden. Er ist sozusagen immer der Nase nach gegangen und genau auf die Ha-ferflocken zu gekrochen. Ludwigs Mehlwurm hat lange herumgesucht. Woran mag das liegen? Ludwig grübelt: „Wenn wir 20 oder 30 Spurenbilder hätten, könnten wir eher sagen, ob die Mehlwürmer ihren Weg direkt finden wie deiner oder nur auf Umwegen wie meiner. Mehr Forschung ist notwendig!"

„Lass uns erforschen, was sie fressen!", schlägt er vor. „Aber das wissen wir doch: Haferflocken!", antworte ich. „Ja, schon", meint Ludwig. „Aber fressen sie lieber Haferflocken oder Mehl oder Zucker oder vielleicht auch etwas Feuchtes wie geriebene Mohrrüben?" Das klingt spannend. Ich frage: „Und wie willst du das herausfinden?" Ludwig erklärt: „Durch Angebot und Nachfrage. Der Schuhkarton hat vier Ecken und in jeder Ecke bieten wir was anderes an: einen kleinen Haufen Zucker, Haferflocken, ein wenig morsches Holz, das ich mit den Fingern zerkrümele, und Mohrrüben."

Ich nehme den anderen Schuhkarton und mache folgende Angebote: ein wenig Mehl, ein Häufchen Cornflakes, Semmelmehl und zerschnipselte Blätter. Und ich möchte wetten, dass die Tiere vor allem meine grünen Blätter annehmen werden. Sie müssen doch irgendwie in der freien Natur leben und diese Art Futter ist doch das Naturnächste, was es gibt.

Wir suchen die Sachen zusammen und legen sie in den Deckel. Jetzt setze ich zehn Mehlwürmer so genau es geht in die Mitte zwischen die vier Futter-Angebote in meinem Schuhkarton und Ludwig legt zehn in die Mitte seines Schuhkarton-Deckels.

Was fressen Mehlwürmer? Ludwig versucht es mit Zucker, Mohrrüben, morschem Holz und Haferflocken.

„Und jetzt sollen sie zwischen unseren Angeboten wählen? Aber Mehlwürmer sind doch keine Kunden im Kaufhaus. Sie können doch auch nicht sehen", werfe ich ein. Irgendwas stimmt nicht bei dieser Forschung.

Ludwig erwidert: „Aber sie können schmecken und vielleicht auch riechen. Wir müssen ihnen nur Zeit geben. Wenn sie genug Zeit haben und alles ausprobieren können, werden sie schließlich da bleiben, wo sie sich am wohlsten fühlen."

So stellen wir die beiden Teile, den Schuhkarton und den Schuhkarton-Deckel, in eine Schublade, in der es dunkel ist. Wir beschließen, erst morgen Nachmittag wieder nachzuschauen.

Am nächsten Tag sehen wir sofort, dass unsere Mehlwürmer inzwischen fleißig waren. Die Häufchen, die wir sauber in den Ecken aufgeschüttet hatte, sind auseinander gezerrt und verstreut. Die Täter haben sich verkrochen. Vorsichtig suchen wir sie in den verschiedenen Ecken zusammen.

Ludwig findet in den Haferflocken vier, im Zucker einen, im morschen Holz vier und in den geriebenen Mohrrüben zwei Mehlwürmer.

In den zerschnipselten grünen Blättern sitzen bei mir drei, in den Cornflakes einer, in dem Häufchen Semmelmehl zwei und im Mehl drei Mehlwürmer. Ein bisschen überrascht bin ich schon, dass mein Angebot von grünen Blättern nur einen mittleren Platz erreicht hat.

Ich frage: „Und was beweist jetzt dieses Ergebnis?" Ludwig antwortet wieder: „Mehr Forschung ist nötig."

Immerhin sieht es so aus, als ob die Tiere doch das Trockenfutter bevorzugen. Aber vielleicht wäre ein ganz anderes Ergebnis herausgekommen, wenn wir mehr Feuchtfutter angeboten hätten?

„Lass uns dazu doch noch ein Forschungsprojekt machen", schlägt Ludwig vor. Er hat die Idee, den Tieren Wattestäbchen vorzulegen!

„Siehst du", sagt Ludwig und er redet wie ein Oberlehrer, „in der Wissenschaft geht es um Genauigkeit und Klarheit. Wir brauchen einen Versuch, der eine klare Entscheidung bringt. Entweder – oder. Entweder trocken oder feucht. Und dafür sind diese Instrumente wie geschaffen."

Er nimmt ein Wattestäbchen aus der Packung, die er aus dem Badezimmer herbeigeholt hat, und hält es mir unter die Nase: Beide Seiten sind mit Watte umwickelt und vollkommen gleich. „Jetzt aber tunke ich diese Seite in Wasser", meint Ludwig. „Die andere Seite bleibt trocken, zur Kontrolle." „Was heißt Kontrolle?", frage ich und er antwortet: „Wirst du gleich sehen."

Ludwig legt das Wattestäbchen mitten auf die Tischplatte und streut eine Handvoll Mehlwürmer nacheinander über der Mitte des Wattestäbchens aus.

Wir schauen zu, wie die Tiere umher kriechen. Es dauert nicht lange und drei von ihnen bearbeiten das feuchte Ende des Stäbchens mit ihren kleinen Zangen. „Da", ruft Ludwig, „das ist der Beweis: Sie gehen nach der Feuchtigkeit!" „Aber der Versuch war nicht fair", werfe ich ein. „Das feuchte Ende vom Q-Tip war das einzig Interessante, das du ihnen angeboten hast. Das andere trockene Ende hat sich ja vom Rest der Welt nicht unterschieden. Da gab es für die Mehlwürmer nichts zu fressen und nichts, um sich zu verstecken."

Ludwig schaut den Mehlwürmern zu, die offenbar auf Feuchtigkeit versessen sind. „Da ist noch etwas", erzählt er nach einiger Zeit. „In der Zoohandlung habe ich 200 Gramm Mehlwürmer gekauft und der Verkäufer dort hat mir erklärt, dass ich immer darauf achten soll, dass sie vollkommen trocken sind. Sobald Mehlwürmer in Feuchtigkeit kommen, hat er gesagt, fangen sie an zu schimmeln. Sie würden sozusagen bei lebendigem Leibe verschimmeln. Und jetzt schau dir diese Mehlwürmer hier an – als ob sie's drauf angelegt hätten."

„Es sind eben unvernünftige Tiere", meine ich. „Die es aber schon seit Jahrmillionen gibt und die immer noch auf der Erde sind", antwortet Ludwig nachdenklich.

Ein paar Tage später erzählt er mir, dass sich ein paar von den Mehlwürmern verpuppt hätten. Und wieder ein paar Tage später berichtet er, dass die ersten Mehlkäfer ausgeschlüpft seien. Das muss ich sehen, also besuchen Lena und ich Ludwig am Nachmittag. Obwohl Lena Mehlwürmer immer noch eklig findet, hat sie an unseren Versuchen Interesse gefunden. In dem Einmachglas krabbeln kleine Käfer herum, manche sind braun, manche schwarz.

Dann erzählt Ludwig von seinen Beobachtungen der letzten Tage: „Wenn ein Käfer aus der Puppe schlüpft, ist er fast durchsichtig weiß, wird dann nach ein paar Stunden beige, am nächsten Tag braun und noch später tiefschwarz." „Ob sie wohl fliegen können?", frage ich gespannt. „Nein", antwortet Ludwig, „aber sie springen manchmal ein Stück in die Höhe."

„Und innen drin entsteht der Käfer?", frage ich und zeige auf eine Puppe. Das ist ein starres Ding mit einem seltsamen Schild auf dem Rücken, wie ein Wickelkind oder eine ägyptische Mumie.

„Genau", antwortet Ludwig, „der Mehlwurm verwandelt sich da drin in einen Mehlkäfer. Und wenn genug Zeit vergangen ist, bricht der Käfer durch die Puppenhaut hindurch. Es gibt Männchen und Weibchen: Die Weibchen legen Eier, und aus den Eiern schlüpfen winzig kleine Mehlwürmer."

„Hast du schon mal Eier gefunden?", fragt Lena interessiert zurück. „Noch nicht, sie müssen derart klein sein, so wie ein Stecknadelkopf ungefähr", erzählt Ludwig. „Aber ganz junge Mehlwürmer habe ich schon gefunden – schau, da ist einer, ein Winzling. Der muss noch viel fressen, bis er groß genug ist zum Verpuppen." „Und was passiert mit den Mehlkäfern?", frage ich und

kann Ludwigs Antwort erahnen: „Die sterben, sobald sie Eier gelegt haben."

„Also das ist die ganze Geschichte: Ei – Larve (Mehlwurm) – Puppe – Käfer", fasse ich zusammen. „Oder", antwortet Ludwig, „wie ein Kreis vom Ei zum Käfer zum Ei, weil es ja immer so weiter geht!"

Nach einer Weile fragt Lena: „Und was passiert, wenn ein Mehlwurm sich nicht verpuppt und nicht zum Käfer wird?" „Dann frisst er und wächst immer weiter. Er wird so groß wie eine Eidechse und dann so groß wie ein Dackel, wie ein Krokodil, wie ein Saurier", spinnt Ludwig weiter. Ich grinse: „Dann möchte ich ihm lieber nicht begegnen."

„Also ist es doch gut, dass die Mehlwürmer sich verpuppen, wenn sie so lang wie mein halber Zeigefinger sind", meint Lena. „Sie sind so programmiert. Das Leben des Mehlkäfers läuft wie ein Waschmaschinenprogramm: Nach der Vorwaschphase kommt der Hauptwaschgang, dann der Spülgang, am Ende das Schleudern."

Ludwig seufzt: „Wenn wir wüssten, was die einzelnen Phasen im Leben des Mehlkäfers steuert. So wie ein Ingenieur weiß, was die einzelnen Gänge einer Waschmaschine steuert – dann könnte es vielleicht gelingen, einen Mehlwurm zu züchten, der nie erwachsen wird, aber immer weiter wächst. Und dessen Leben nie zu Ende geht, weil das Programm diesen Punkt nie erreicht. Wären das nicht schöne Aussichten?"

„Nur vom Wasser müsste er sich halt fernhalten, weil er ja sonst verschimmeln würde, der gigantische Mehlwurm", entgegnet Lena.

Die Erforschung des Mehlwurms

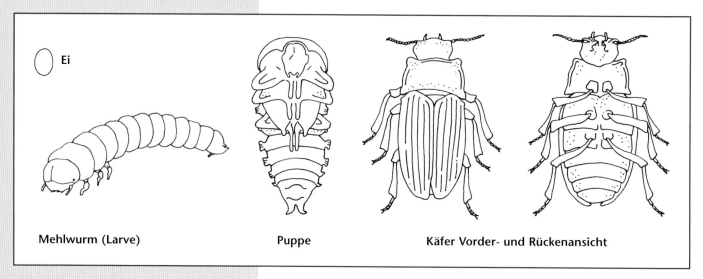

Ei

Mehlwurm (Larve)   Puppe   Käfer Vorder- und Rückenansicht

**Die vier Stadien im Lebenszyklus
des Mehlwurms
(ungefähr viermal vergrößert)**

**PROBIERE ES
SELBST AUS!**

Wiederhole Ludwigs
Versuch von „Was
fressen Mehlwürmer
am liebsten?" und
vergleiche deine Ergeb-
nisse mit denen von
anderen Kindern.

Eine Mehlwurmfarm

Du brauchst
• eine Frischhaltedose mit Deckel aus Plastik
• Mehlwürmer aus der Zoohandlung
• Haferflocken

So wird's gemacht:
1. Durchlöchere den Deckel der Dose mit einem Nagel oder
   einem Schraubenzieher, damit die Luft im Inneren der Dose
   nicht zu feucht wird.
2. Bedecke den Boden der Dose mit Haferflocken, setze die
   Mehlwürmer darauf.
3. Wenn du willst, kannst du den Mehlwürmern etwas Hafer-
   flockenbrei anrühren, sie brauchen ein wenig Flüssigkeit.
   Stelle ein Schälchen mit dem Brei in die Futterdose hinein.

So geht das Forschen

Es gibt Vermutungen und es gibt Versuche. Erst stellst du eine Vermutung auf, dann führst du einen Versuch durch, um die Vermutung zu überprüfen. Dann eine neue Vermutung und ein neuer Versuch – immer weiter so.

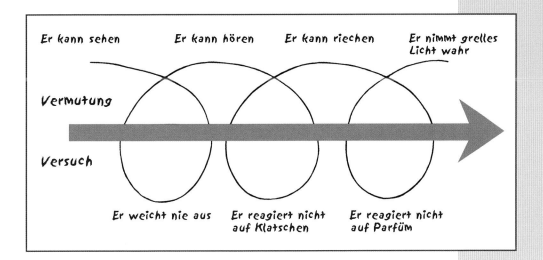

Eine Vermutung:
Der Mehlwurm findet seinen Weg nach „Hell" und „Dunkel". Im Hellen bewegt er sich rascher, im Dunkeln langsamer. Wie kannst du nachprüfen, ob diese Vermutung zutrifft?

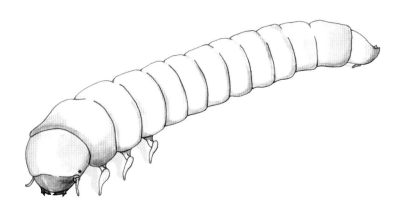

Forschungs-Aktivitäten
- Mehlwurm mit der Lupe betrachten und genau abzeichnen
- Mit anderen gemeinsam herausfinden, wie ein Mehlwurm sich bewegt und zu dritt oder zu sechst vorführen. Wenn ihr zu dritt seid, spielt jeder von euch ein Beinpaar. Wenn ihr zu sechst seid, spielt jeder ein Bein.
- Weg des Mehlwurms auf einem Papierbogen mit einem Bleistift verfolgen und Vermutungen aufstellen, wie er diesen Weg findet.

Fragen für Forschungen mit dem Mehlwurm:
- Wie kommt es, dass Mehlwürmer schimmeln?
- Wie kommt es, dass sie ihre Farbe von hellbeige nach schwarz wechseln?

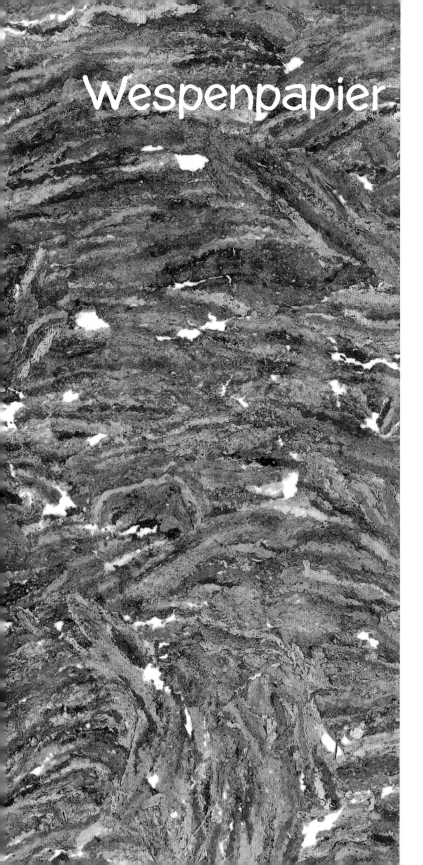

Wespenpapier

Es ist Herbst, Frau Ehlers hat eine Wespenglocke mitgebracht, die auf ihrem Dachboden an einem Balken hing. Das Nest ist so groß wie ein Kinderkopf. Wir dürfen uns alle einen Fetzen von dem „Papier" abreißen, das in vielen Lagen wie eine dicke Verpackung um die Waben in der Mitte herumgebaut ist. Ein Glück, dass die Wespen im Herbst ihre Nester verlassen, sonst könnten wir uns in diesem Augenblick kaum vor ihnen retten.

Mein „Papierfetzen" ist grau, mit lauter hellgrauen und dunkelgrauen Streifen. Er fühlt sich wie rauhes Zeitungspapier an. Ich nehme zwei Lupen und halte sie übereinander, die eine direkt über das Stück Wespenpapier, die andere näher an meine Augen. Dann suche ich so lange den richtigen Abstand, bis ich das genaue Bild sehe. Die Vergrößerung ist enorm: Ich kann sehen, dass das Papier an manchen Stellen aus vielen kleinen, groben Holzsplittern besteht, an manchen Stellen aus einer Masse von feinen Fasern. Ab und zu gibt es kleine Lücken. Das Ganze sieht aus wie das nasse Fell einer Katze, die ins Wasser gefallen ist.

„Die Wespen haben Holz gekaut", erzählt Frau Ehlers, „bis es zu Brei wurde, und dann den Brei, Stück für Stück und Streifen für Streifen, zu einer dünnen Schicht zusammengefügt: Papier."

„Genau wie das Papier, auf dem dies alles gedruckt ist", behauptet Ludwig zu mir gewandt. Aber mit meinen beiden Lupen kann ich die Holzfasern in diesem „Papier" nur schwer erkennen, sie sind sehr fein. Um die Fasern genau zu sehen, würde ich ein Mikroskop brauchen. Nur

Zeitungspapier sieht ähnlich aus wie Wespenpapier, aber mit feineren Fasern. Als ob das Holz von einer Superwespe zerkaut worden wäre.

„Hast du schon mal Papier recycelt?", fragt Ludwig. „Altpapier haben wir immer zum Recycling gegeben", antworte ich. „Aber selbst Papier gemacht, hergestellt, fabriziert, recycelt? Ne, aber das machen die doch in der Papierfabrik, mit Maschinen." „Es geht auch ohne Maschinen", behauptet Ludwig. „Alles, was wir brauchen, haben wir zu Hause: eine Babywanne aus Plastik, Zeitungspapier und den elektrischen Rührstab aus der Küche."

Das bringen wir alles in den Hof hinterm Haus. Zuerst zerreißen wir Zeitungsbögen in kleine Fetzen, so groß wie ein Daumennagel, bis der Boden der Wanne mit einer dicken Schicht bedeckt ist. Dann füllen wir die Wanne mit Wasser und verquirlen das Papier im Wasser mit dem elektrischen Rührstab. Das macht Spaß und wir wechseln uns ab. Wir lassen die Wanne mit dem Papierbrei über Nacht stehen.

Am nächsten Tag kann das Papierschöpfen losgehen! Erst noch einmal den Papierbrei durchrühren; endlich sind die Fetzen völlig verrührt, der Papierbrei ist wie grauer Milchbrei. Ludwig bringt noch ein Brett aus der Küche und legt es neben die Plastikwanne. Dann nimmt er ein Schöpfsieb mit beiden Händen und schiebt es schräg in den Papierbrei hinein. Er dreht es gerade und hebt es nach oben heraus. Das Fliegengitter ist nicht mehr zu sehen, es ist unter der dünnen Breischicht verschwunden. Ludwig

hält das Sieb über das Brett, das er gerade geholt hat, dreht es ganz schnell um und klatscht es mit der Seite, auf der der Brei klebt, nach unten auf das Brett. Als er es abhebt, liegt auf dem Brett eine dünne graue Schicht Papierbrei und das Wasser läuft nach allen Seiten herab.

– „Also, das wird das Papier. Aber wo ist der Klebstoff?"
– „Welcher Klebstoff?"
– „Na, der Klebstoff, der die feinen Fasern zusammenhält. Das Zeug, das die Wespen hineinspucken und das in der Papierfabrik reinkommt!"
– „Es gibt keinen Klebstoff! Es ist alles Filz! Die feinen Fasern verfilzen."
– „Glaub ich nicht."
– „Wirst ja seh'n."

Die dünne graue Schicht aus Papierbrei deckt Ludwig mit einem Blatt aus einer Illustrierten ab, und dann kann ich endlich selbst Papier schöpfen. Der Brei in der Wanne fühlt sich glitschig an, aber ich finde ihn nicht eklig. Ich schiebe das Sieb hinein und meine Hände tauchen mit unter. Ich hebe das Sieb heraus, lasse das Wasser abtropfen. Die nasse Breischicht glänzt auf dem Sieb, ich drehe es um und lege es umgekehrt mit der Breiseite nach unten auf das Illustriertenblatt über Ludwigs erstem Bogen. Darauf wieder ein Blatt aus der Illustrierten zum Abdecken oben auf den Papierbrei und dann kommt Ludwig wieder dran. Bald haben wir einen ziemlich dicken Stapel von geschöpften Bögen auf dem Brett. Unsere Papierfabrik ist sozusagen am Laufen.

Das ist nach einer Zeit ein bisschen langweilig, außerdem müssen wir warten, bis das Papier endlich trocken ist. Also fangen wir mit Experimenten an. Ein paar Mal legen wir das Papier einfach auf den Steinboden im Hof. Das wird unten glatt und bleibt oben rauh. Einmal legt Ludwig vorher eine kleine Pflanze drunter, die ist nachher in dem Papier. Einmal läuft die Katze von nebenan über meinen Bogen.
Dann schüttet Ludwig etwas Ketchup in den Papierbrei und wir machen rotes Papier.

Am nächsten Tag sind unsere Papiere trocken. Die meisten sind grau wie das Wespenpapier, ein paar sind ganz rot und alle sind ziemlich rauh und grob. Tatsächlich sind sie fest, ganz ohne Klebstoff. Es ist Filz und meine Filzschuhe und Vaters Filzhut sehen ähnlich aus, wenn ich sie durch die Lupe betrachte.

Auf einem großen Bogen aus handgeschöpftem Papier sehe ich Figurenbilder, wenn ich den Bogen gegen das Licht halte. Das sind Wasserzeichen, Ludwig hat sie auf dem Gitter des Schöpfsiebs mit feinem Draht hinein geflochten. Sie geben eine Spur im Papier.

Angeblich ist das Wasserzeichen auf dem Fünf-Euro-Schein auch so ähnlich ins Papier gekommen. Aber der Schein ist völlig glatt! Und wenn ich den Schein vor die helle Fensterscheibe halte, sehe ich eine Fassade mit Säulen und Bögen aus dunklen und hellen Schatten. Wie haben die das in der Papierfabrik bloß zustande gebracht?

Einen Papierschöpfrahmen bauen

Ihr braucht:
- vier Holzleisten, 2 cm stark: Zwei sind 17 cm lang, zwei sind 31,5 cm lang
- einen Bleistift
- vier Winkel
- Nägel und einen Hammer
- ein Fliegennetz
- Reißzwecken

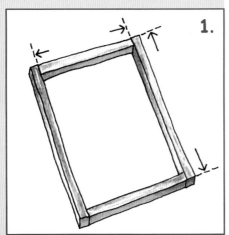

1. Legt die Leisten zu einem Rechteck zusammen.

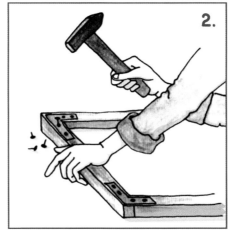

2. Befestigt die Leisten mit den Winkeln.

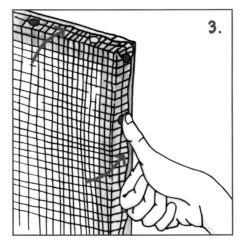

3. Einer von euch hält das Fliegennetz straff über den Holzrahmen, der andere befestigt es mit Reißzwecken.

Papier schöpfen

Ihr braucht:
- einen Papierschöpfrahmen
- Zeitungspapier
- eine Babywanne aus Plastik
- einen Mixer
- ca. 20 Liter Wasser
- eine Zeitschrift

1. Zerreißt 5–6 alte Zeitungen in kleine Schnipsel. Gebt sie mit ca. 20 l Wasser in die Wanne und verrührt die Masse mit einem Mixer. Lasst den Brei über Nacht stehen.

2. Taucht den Papierschöpfrahmen in den Papierbrei und holt ihn waagerecht wieder heraus. Das Sieb ist nun mit Papierfasern bedeckt. Der Brei sollte an allen Stellen möglichst gleich dick sein.

3. Legt den Rahmen umgekehrt auf das Brett und hebt den Rahmen hoch. Der Papierbrei bleibt auf dem Brett liegen. Deckt den Papierbrei mit einer Seite aus einer Zeitschrift ab.

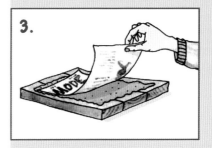

4. Legt so alle weiteren, noch feuchten Papierbögen übereinander. Legt zum Abschluss einen Ziegelstein auf den Stapel, dann wellt sich das Papier nicht.
   Am nächsten Tag ist das Papier trocken.

Die Wunderblume

Meine Schwester Lena hat im März fünf Sonnenblumenkerne genommen, die vom Vogelfutter übrig geblieben waren. Sie hat die Kerne in einen Blumentopf mit Blumenerde gesteckt. Nun erzählt Lena: „Drei von den Kernen sind im April aufgegangen und drei kleine Sonnenblumenpflänzchen sind erschienen. Dann habe ich die Pflanzen vereinzelt, also in einzelne Töpfchen umgepflanzt, und dann jede Woche einmal mit ein wenig Wasser gegossen."

Eines der Pflänzchen sei besonders rasch gewachsen: „Ich habe es im Mai in einen großen Topf pflanzen müssen. Aber im Juli ist der Topf wieder zu klein für diese Sonnenblume gewesen. Die Pflanze ist inzwischen größer als ich selbst! Deshalb habe ich einen alten Blecheimer genommen, den Boden mit einem Schraubenzieher durchlöchert, den Eimer mit Erde gefüllt und die Sonnenblume dort hinein gepflanzt. Wollt ihr sie mal sehen?"

Das ist eine Einladung an Ludwig und mich. Wir dürfen ihr Zimmer betreten. Ludwig macht einen Diener und sagt: „Habe die Ehre." Und dann sehen wir die Monsterblume im Blecheimer am Fenster. Sie reicht bis an die obere Fensterkante. Dort ist die Blüte, eine Scheibe so groß wie einer von unseren Frühstückstellern. Um die Blütenscheibe herum ist ein Kranz von gelben Blütenblättern und das ganze sieht von unten aus wie eine Schüssel aus grünem Leder. Aber von oben ist diese Schüssel gestrichen voll mit Kernen. Kern an Kern, zu einem Muster geordnet, das auf den Mittelpunkt hinläuft. Der Stängel der Pflanze ist so dick wie mein Unterarm. Die Blätter sind wie aufgespannte herzförmige Lappen und alles ist von feinen silbernen und grünen Härchen bedeckt.

„Enorm!" meint Ludwig beeindruckt. Ich frage Lena: „Wenn das Ding im Winter verwelkt, kriege ich dann den Kopf mit den Kernen?" Aber Lena meint, dass sie den Kopf selber aufheben will. „Er ist ein Kunstwerk", behauptet sie.

Schönes wahrnehmen

Finde die Kunststücke der Natur und setze sie in einen Rahmen:

Bei einer Geburtstagsparty waren die Bilderrahmen schon fertig ausgeschnitten. Im Garten gab es eine Kunstausstellung.

- Timo setzt seinen Rahmen vor eine Blüte.
- Sina setzt ihren Rahmen genau im richtigen Abstand vor den Birnbaum.
- Lukas klemmt seinen Rahmen auf ein Schiffchen aus Baumrinde und setzt das auf das Wasser im Gartenteich.

Wer hat das schönste Kunstwerk gezeigt?

PROBIERE ES SELBST AUS!

Schneide aus dickem Karton einen Rahmen aus. Suche draußen ein Kunstwerk und stelle den Rahmen so auf, dass andere dein Naturwunder darin sehen können.

Finde ein Shibui

Shibui ist ein japanisches Wort für das Schöne, das entsteht, wenn Natur und Kultur zusammenkommen.

Ein Löwenzahn wächst durch Straßenritzen *(links)*

Zwei verfallene Hundehütten im Wald *(rechts)*

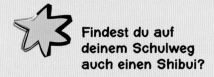

Findest du auf deinem Schulweg auch einen Shibui?

Ein Shibui beschreibt auch Dinge, die sich verändern, mit den Jahreszeiten oder dem Wetter:
– Der Ahornbaum ist gelb geworden.
– Der Himmel hat eine lila Farbe bekommen.
– Auf der Pfütze ist eine dünne Eisschicht mit Strahlen-Linien und weißen Flecken.

104

Schreibe einen Haiku

Ein Haiku ist ein japanischer Vers aus drei Zeilen:
Die 1. Zeile hat 5 Silben.
Die 2. Zeile hat 7 Silben.
Die 3. Zeile hat wieder 5 Silben.

Kirschblütenhügel –
der Stein, auf dem ich schlafen werde,
wird weich sein.

Rotsû

Die Person, die das geschrieben hat, hätte auch schreiben können:
Ich bin im Herbst spazieren gegangen.
oder
Ich habe einen Nachtspaziergang am Wasser gemacht.

Vollmond im Herbst.
Die ganze Nacht bin ich
rund um den Teich gegangen.

Bashô

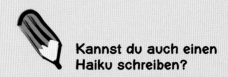

Kannst du auch einen Haiku schreiben?

Das Wischiwaschi-Glück der Zaunrübe

Es lohnt sich im Frühsommer, den alten großen Johannisbeer-Strauch gegenüber der Haustür zu beobachten. Er hängt voll mit kleinen Beerentrauben. Fast alle sind noch grün, hart und sauer, aber hier und da finde ich auch schon eine Traube mit roten Beeren, an völlig überraschenden Stellen. Die Beeren schmecken nicht schlecht, aber immer noch etwas sauer.

Bei der Suche fällt mir auf, dass aus dem Strauch noch eine andere Pflanze wächst, die keine rote, keine schwarze und auch keine gelbe Johannisbeere ist. Sie hat schöne Blätter und kleine weiße Blüten. Die Blätter, der Stängel, die Ausläufer – alles fühlt sich ein bißchen rauh an, fast wie Schmirgelpapier. „Das ist die Zaunrübe", sagt Vater, „jedes Jahr wächst sie aus dem Johannisbeerstrauch heraus und windet sich irgendwie zu der Eibe in Nachbars Garten hinüber."

Und Vater erzählt von der Pflanze: An jedem Zweig von der Zaunrübe sind vorn ein paar lange Ausläufer, dünn wie ein Faden. Mit denen tastet die Pflanze die Umgebung ab wie mit einem Tastfühler. Wenn der Fühler auf einen festen Gegenstand trifft, auf einen Zweig oder einen Grashalm oder den Draht an einem Zaun, wickelt er sich um den Gegenstand herum. Tat-

sächlich sind an der Eibe in Nachbars Garten schon fünf feste Umwicklungen. Da hat sich die Zaunrübe angeklammert, um dann immer weiter zu klettern.

„Wie ein Tier, das sich ganz langsam fortbewegt", sage ich. „Aber eine Pflanze ist kein Tier", sagt Vater. „Tiere können sehen und hören und riechen, was um sie herum vor sich geht. Das können Pflanzen nicht. Und Tiere haben auch Gefühle, manche vielleicht sogar Gedanken, weil sie ein Gehirn haben. Pflanzen haben kein Gehirn. Wir müssen Pflanzen und Tiere nicht zusammen in einen Topf werfen."

Ludwig und ich nehmen uns trotzdem vor, zu beobachten, wie sich die Zaunrübe beim Wachsen bewegt. Ludwig nimmt einen Holzstab aus dem Blumentopf und steckt ihn gerade in den Boden – ein paar Zentimeter vor dem Ausläufer, mit dem die Zaunrübe sich nach vorn tastet. Am nächsten Morgen hat sich der Tastfühler um den Stab gewickelt. Er sieht aus wie eine Spiralfeder.

Dann sehen wir auf einmal auch die Bewegungen von anderen Pflanzen. Zum Beispiel die gelben Löwenzahnblüten auf der Wiese – sie schließen sich bei Regenwetter und abends, wenn es dunkel wird. Wir pflücken eine Blüte, stellen sie in ein Wasserglas und das Glas in den Schrank. Nach einer Stunde ist sie schon geschlossen, aber im Licht ist sie nach zehn Minuten wieder aufgegangen. Die grünen dünnen Blätter, die außen rings um die gelbe Blüte herumstehen, drücken die Blüte zusammen wie eine Hand mit vielen Fingern, die sich schließt. Im Licht öffnet sich dann die Hand wieder.

Ludwig und ich stellen jeder einen ganzen Strauß mit Löwenzahnblüten in eine Blumenvase und beobachten, wie die Blüten sich abends im Dunkeln schließen und sich morgens im Licht wieder öffnen. Aber einen Tag später

107

sehen wir, dass ein paar Blüten sich nicht wieder geöffnet haben und nach zwei Tagen bleiben sogar alle Blüten geschlossen. „Ob ihre Öffnungs- und Schließmaschine kaputt ist?", frage ich und will meinen Strauß schon wegwerfen. Aber Ludwig schlägt vor, dass wir einfach mal abwarten und beobachten, was passiert.

Es dauert sieben volle Tage, bis es etwas Neues gibt. Ich entdecke es zufällig, als ich nachmittags in meinem Zimmer bin. Eine Knospe geht langsam auf und entfaltet sich zu einem weißen Pusteblumen-Vollmond. Eigentlich geht es nicht langsam, sondern ganz schön rasch. Als ich das erste Mal hinschaue, sehe ich nur eine halbgeöffnete Knospe mit einer Lage von weißen und noch zusammengepackten Fallschirmen. Obendrauf sitzt ein Zipfel wie eine Zipfelmütze, die viel zu klein ist. Ein paar Minuten später ist der Mond schon wie ein Fächer aufgegangen. Ich nehme mir die Zeit und schaue zu, wie sich eine Kugel aus lauter kleinen weißen Fallschirmen bildet. Dabei fällt der Zipfel herab, es sind die ausgetrockneten und zusammengebackenen gelben Blütenblätter.

Dieser Verwandlung sehen Ludwig und ich noch oft zu. Nach zwei Tagen haben sich unsere Löwenzahnsträuße mit den gelben Blüten in weiße Pusteblumensträuße verwandelt. Wir untersuchen mit der Lupe, wie das vor sich gegangen ist. Mit den Fingernägeln ritzen wir die Blüte an der Seite ein und brechen sie dort auseinander. Es gibt auf der Löwenzahnblüte viele gelbe Blütenblätter. An jedem Blütenblatt können wir unten das kleine Fallschirmchen sehen. „Es ist schon alles da", sagt Ludwig. „Jedes gelbe Blätt-

chen wird zu einem Fallschirm." Ludwig und ich zählen die Blättchen, jeder auf seiner Blüte: Ich entdecke 78, Ludwig 123. So viele Fallschirme gibt es und an jedem hängt ein kleines längliches Nüsschen mit winzigen Häkchen. „Und wenn ich die Fallschirme wegpuste, dann bleibt ein Glatzkopf mit 123 Löchern", meint Ludwig.

Ich will es genauer wissen und sage:
– „Eines ist klar, Pflanzen können sich bewegen und sie können sich auch verwandeln."
– „Meine Tante Lotti behauptet sogar, dass Pflanzen dankbar sein können. Oder genau genommen, Fleißige Lieschen. Denn von denen sagt sie, dass sie besonders dankbar sind."
– „Woher weiß sie das denn?"
– „Sie meint wohl, solche Pflanzen, die dauernd blühen, sind dankbar. Und solche, die nur selten blühen, sind undankbar. Und sie meint übrigens auch, dass manche Pflanzen glücklich sind. Wenn sie üppig wachsen und sich entfalten können, dann zeigen sie damit, dass sie glücklich sind."
– „Dankbarkeit und Glück – das ist doch völlig daneben. Wo sollen die Gefühle denn herkommen? Pflanzen haben doch kein Gehirn!"
– „Auch wenn sie kein Gehirn haben, so haben sie doch irgendwelche Nervenbahnen oder so etwas ähnliches. Denn sie bewegen sich ja. Und sie reagieren auf Licht. Die Löwenzahnblüte öffnet und schließt sich nach dem Licht. Und sie reagieren auf Hindernisse. Die Zaunrübe sucht nach Stäben, an denen sie sich festhalten kann, und wickelt ihre Läufer drum herum."

– „Aber im Gehirn kommt alles zusammen. Wo es fehlt, kann es keine planvolle Bewegung geben."

– „Es gibt ja Tiere mit Nervenbahnen und ohne Gehirn, die sich sehr genau bewegen können!"

– „Gibt es nicht!"

– „Gibt es doch: Zum Beispiel die Seesterne. Die haben kein Gehirn, nur Nerven in ihren fünf Armen. Und sie bewegen sich trotzdem auf Muscheln zu, umklammern sie und saugen sie aus."

– „Aber was hat das damit zu tun, ob sie glücklich sein können?"

– „Moment mal, du warst es doch, der gesagt hat, zum Glück ist ein Gehirn nötig. Ich sage nur, dass es auch ohne Gehirn gehen könnte."

Ludwig teilt mit mir eine Handvoll geröstete Erdnusskerne, bricht eine Erdnuss in zwei Hälften und zeigt auf die winzigen Blättchen in der Mitte. Mit der Lupe sehe ich sogar die winzigen Äderchen auf den Blättchen. Es ist klar, dass in dem Erdnusskern schon die Erdnusspflanze angelegt ist. „Das ist der Keim", sagt Ludwig.

„Im Keim wächst die Erdnuss heran und die beiden dicken Hälften der Erdnuss, die wir essen, geben dem Keim Energie, bis er genügend kleine Wurzeln getrieben hat und bis die beiden winzigen Blättchen, die wir sehen, groß genug sind, um die Pflanze zu versorgen. Dann sind die dicken Hälften aber ausgesogen und vertrocknen einfach am Stängel der Erdnusspflanze. Leider geht das alles aber nicht mehr mit dieser Erdnuss, weil es eine geröstete Erdnuss ist. In der

Hitze des Röstens wurde die Kraft des Keimes getötet. Und jetzt ist diese Erdnuss nur noch zum Essen gut", sagt Ludwig und steckt sie sich in den Mund.

Da fällt mir etwas ein: „Wenn Pflanzen wirklich glücklich sein können, dann müssen sie auch wirklich unglücklich sein können. Bin ich jetzt etwa am Unglück der Erdnuss schuld?" „Mach dich nicht verrückt", sagt Ludwig. „Das Glück von Fleißigen Lieschen, Zaunrüben und Löwenzahnblüten ist nicht wie dein Glück. Es muss ganz anders sein, ziemlich wischiwaschi. Wie ein ferner Klang, den du nur ganz leise hörst, wenn alles völlig still ist. Und genauso wischiwaschi ist das Unglück der Pflanzen."

Aber ich bin nicht sicher, ob ich ihm das alles glauben soll: Woher will Ludwig denn wissen, wie groß der Unterschied zwischen dem Wischiwaschi-Glück der Pflanzen und seinem eigenen Nichtwischiwaschi-Glück ist?

Die Löwenzahnblüte ist ein Korb mit ungefähr hundert einzelnen Blüten. In jeder Blüte ist schon der Fallschirm der Pusteblume angelegt. Schau es dir mit der Lupe an und beobachte die Verwandlung der Blüte zur Pusteblume! Kannst du zeichnen, was passiert und welche Teile der Blüte an der Fallschirm-Frucht sich wie verändern?

Können Blumen glücklich sein?

Hier hast du eine von den Fragen, die wirklich noch nicht entschieden sind: Ob Blumen – oder Pflanzen, zu denen die Blumen gehören – glücklich sein können oder nicht, das weiß niemand mit Gewissheit. Trotzdem gibt es Antworten und auch eine Methode, um zu prüfen, ob die Antworten plausibel sind. Das Gespräch ist die Methode: Ein besonderes Gespräch, bei dem alles, was für das Pflanzenglück, und alles, was gegen das Pflanzenglück spricht, untersucht wird. Am Ende hat man immer noch keine Gewissheit, aber man kennt die Gründe, die dafür und dagegen sprechen.

So ein Gespräch kann keiner für sich allein veranstalten, eine Gruppe von Kindern ist notwendig. Es gibt zwei Parteien, eine PRO-Pflanzenglück-Partei und eine CONTRA-Pflanzenglück-Partei. Die **PRO-Vertreter** bereiten sich so auf das Gespräch vor: Sie sammeln alle Informationen, die dafür sprechen, dass Pflanzen glücklich sein können. Die **CONTRA-Vertreter** sammeln alles, was dagegen spricht, dass Pflanzen glücklich sein können.

Interessant ist zum Beispiel folgender Text:

…Die menschliche Haut reagiert so empfindlich auf Berührungen, weil sie über spezielle Sinnesstrukturen verfügt. Wie sieht das bei der Pflanze aus? Das Rasterelektronenmikroskop enthüllt auf der Rankenoberfläche zelluläre Ausstülpungen, die Haberlandt bereits 1901 als lichtmikroskopische erkannt und als „Fühltüpfel" bezeichnet hatte. Allerdings können Pflanzen auch ohne solche Strukturen mechanische Kontaktreize wahrnehmen; die Ranken mancher Art besitzen erst gar keine. Fühltüpfel wirken jedoch als extrem gute Reizverstärker: Die von uns untersuchten Ranken der Zaunrübe sind immerhin berührungsempfindlicher als die menschliche Haut. Bereits Pfeffer hat das mit einem Wollfädchen geprüft: Die Ranke reagierte noch auf „Streicheln" mit einem nur 0,00025 Milligramm schweren Fädchen, das auf unserer Haut keine Empfindungen auslöste.

Die **PRO-Vertreter** nehmen diese Erkenntnisse als Beleg für Pflanzenglück. Ihr Argument: Ein Wesen, das so empfindlich ist, muss auch Schmerz empfinden können. Und ein Wesen, das Schmerz empfinden kann, muss auch Glück empfinden können.

Die **CONTRA-Vertreter** nennen folgendes Gegenargument: Ein Wesen, das auf Berührungen reagiert, zeigt nur eine Bewegung. Eine Bewegung braucht mit Glück überhaupt nichts zu tun haben. Glück ist ein inneres Empfinden, das man äußerlich sowieso nicht sehen kann.

Die Vertreter von PRO und CONTRA tragen nacheinander ihre Argumente vor. Dann beginnt ein Wechselgespräch, bei dem hin und her geredet wird.

Wetten, dass es um die folgenden Fragen gehen wird?
– Was wollen wir unter „glücklich sein" verstehen?
– Ist ein Gehirn dazu notwendig, Empfindungen zu haben?
– Ist es möglich, Mitteilungen zu machen, ohne eine Sprache zu sprechen?

DENKE NACH!

- Wann bist du glücklich?
- Wie fühlt sich Glück an? Beschreibe!
- Frage auch andere Kinder und Erwachsene, was sie unter Glück verstehen und wann sie glücklich sind.

Tipp: Ludwig empfiehlt, dass das Gespräch unbedingt von einer Extra-Person geleitet wird. Die Leiterin (oder der Leiter) des Gesprächs muss fair sein, muss jeder Seite die gleiche Chance geben und darf auf gar keinen Fall seine eigene Meinung sagen oder zeigen. Die Gesprächsleitung kümmert sich einzig und allein darum, dass das Gespräch gut vorankommt.

Walpurgisnacht

Am 30. April ist Walpurgisnacht. „Da reiten die Hexen abends zum Blocksberg, um dort mit dem Teufel zu tanzen", sagt Vater. „Und manche Parteien veranstalten ebenfalls Tanzabende", sagt Mutter. Ich schaue Lena an und Lena schaut mich an, weil wir schon wissen, was als nächstes kommt. Und weil wir uns immer schon darauf freuen, abends lange aufbleiben zu dürfen, aber weil wir auch unsere Freude nicht offen zeigen wollen. Da kommt schon Vaters Frage: „Können wir euch denn abends allein lassen?" Ich frage ganz cool zurück: „Und kann Ludwig bei uns übernachten?"

Jetzt schauen sich meine Eltern an. „Versprecht uns, dass ihr keinen Blödsinn anstellt!", sagt Mutter, wie immer. „Aber sicher, wir gucken nur ein bisschen Fernsehen und gehen früh ins Bett", sagen Lena und ich im Chor. „Lieber spät als früh", sagt Vater. Was er damit wohl wieder meint?

Jetzt sind sie weg, Ludwig ist da (er hat anscheinend nie Probleme mit seinen Eltern) und es regnet. Es ist ein Dauernieselregen, der schon seit heute morgen unablässig fällt. Im Licht der Lampen auf der Straße erscheint die Luft wie eine Nebelwolke und die Steine und die Baumstämme glänzen, aber rundherum ist alles schwarz.

Ludwig macht die Terrassentür auf und rennt über den nassen Rasen zu einer unserer alten Bäume. Es ist die Birke mit einem weißen, rissigen Stamm. Ludwig umarmt den Stamm und presst seinen Kopf mit dem Ohr daran. „Er spinnt mal wieder", meint Lena und zu mir sagt sie: „Bleib ja hier!"

Ludwig winkt aber mit den Armen, wir sollen zu ihm kommen. „Hört mir zu", ruft er, „ich bin ein Baum, ich bin ein lebendes Wesen!"

Nur, weil mir nichts Besseres zu tun einfällt, lasse ich mich schließlich auf Ludwigs Marotten ein und gehe zu ihm hinüber. Die Nässe des Grases dringt oberhalb der Schuhe durch meine Socken und dann zeigt mir Ludwig, wie ich den Kopf an den Baumstamm legen soll, um die Birke zu hören. Während ich mein Ohr an eine flache Wölbung auf der Rinde presse, beobachte ich Ludwig. Hält er Abstand oder wird er versuchen, an den Stamm zu klopfen? Oder hat er irgendeine kleine Maschine an dem Baumstamm versteckt?

Im ersten Moment ist nichts zu hören, aber dann ertönt plötzlich ein Saugen und Stampfen. Es ist so laut, dass ich ein bisschen erschrecke. Und dann höre ich ein schmatzendes Geräusch, das sogar ein wenig metallisch klingt, als ob jemand an einen Metallzaun schlägt. Die Geräusche sind laut und deutlich und sie kommen aus dem Baum. Ludwig hat damit nichts zu tun. Er hat mir nur gezeigt, dass ich mein Ohr auf die Rinde legen kann, um die zischende Bewegung der Säfte im Inneren des Baumstamms zu hören.

„Die Säfte steigen", sagt Ludwig. Wir gehen hinüber zur alten Kiefer und hören auch dort die Bewegung des Wassers im Inneren wie in einer Serie von Wasserleitungen. Aber es klingt anders als bei der Birke, dumpfer und weicher.

Ob man die Bäume an den Geräuschen der steigenden Säfte unterscheiden kann?

Lena glaubt nicht, dass wir gehört haben, was wir gehört haben. Sie sagt: „Was ihr gehört habt, ist das Rauschen von eurem eigenen Blut im Ohr. Das ist dasselbe wie bei einer großen Meeresschnecke, bei der man angeblich das Meer rauschen hört."

Lena läuft ins Bad und holt das große Schneckenhaus herbei, das neben der Badewanne liegt. Sie hält es erst Ludwig ans Ohr, dann mir und fragt: „Hört ihr das Meer rauschen? Aber in Wirklichkeit ist es nicht das Meer, sondern nur das laute Echo von dem Rauschen des Blutes in den Adern in euren Ohren! Und genauso ist es auch mit dem angeblichen Aufsteigen der Säfte im Baumstamm!"

Erst, als wir versprechen, ihr einen Regenschirm über den Kopf zu halten, lässt sie sich dazu überreden, in die nasse Nacht hinauszugehen. Sie will sich davon überzeugen, dass sie Recht hat. „Es ist lächerlich", sagt sie, als sie ein Ohr an den Stamm der alten Birke presst. „Als ob ein Baum eine Person wäre!" Aber dann werden ihre Augen groß, ich sehe es in dem Licht, das aus dem Wohnzimmer über die Terrasse auf unsere Bäume fällt. Es ist deutlich zu sehen, wie sie staunt, wie sie lacht, wie ihr das Geräusch gefällt, das sie vernimmt.

Am nächsten Tag scheint die Sonne, die Birke strahlt mit hellgrünen Blättchen, als ob sie selbst ein Licht ist. Natürlich erzählen wir unseren Eltern von der Entdeckung in der Regennacht. Aber als Vater und Mutter ihre Ohren an die Stämme der Birke und der Kiefer legen, hören sie nichts.

„Wahrscheinlich ist das Gurgeln der Bäume nur in der Walpurgisnacht zu hören", meint Vater. „Und ist das nicht beruhigend?", fragt Mutter im Scherz.

Einen Baum belauschen

Wenn du Glück hast wie Ludwig und Lena, dann kannst du die Säfte im Baumstamm emporsteigen hören. Am ehesten klappt es im Frühjahr, am besten nach einem Regenschauer, vor allem, wenn du auf Sandboden lebst. Aber wenn du dir Zeit nimmst, gibt es bestimmt Interessantes aus dem Innern des Baums zu vernehmen, ganz egal, ob es regnet oder nicht. Mit einem Stethoskop kannst du hören, wie Käfer das Holz des Stammes fressen. Ein Stethoskop ist das Hörrohr mit Kopfhörern, das Ärzte benutzen, um Herz und Lunge abzuhören. Ludwig macht gern Rubbelbilder von den Stämmen verschiedener Bäume. Er hält einen Bogen Papier auf die Rinde und rubbelt mit einem Stück Wachsmalkreide darüber.

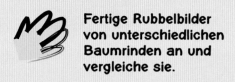

Fertige Rubbelbilder von unterschiedlichen Baumrinden an und vergleiche sie.

So sieht das Rubbelbild der Birkenrinde aus

So sieht das
Rubbelbild der
Kiefernrinde aus

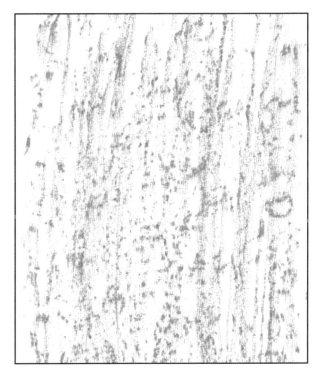

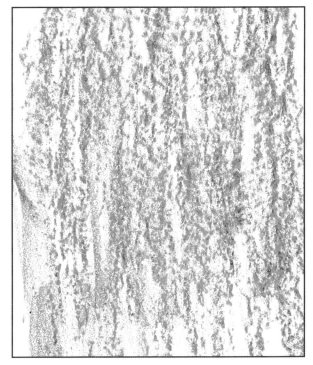

 **Aber welcher Baum
mag dies sein?**

Ein Tipp:
Er ist ganz glatt und
die Farbe der Rinde
ist hellgrau.

Die Verwandlung der Milch

Natürlich trinke ich jeden Tag Milch – mindestens ein Glas. Meine Eltern sagen, das sei gut für mich. Sie trinken auch selber Milch und kaufen sie mit der Kanne in einem Bioladen. Dort wird die Milch von einem Bauern aus der Nähe hingebracht: „Biomilch ohne Chemie."

Manchmal trinken wir nicht alles und der Rest wird dann sauer. Ab und zu füllt Mutter Milch in Schüsseln und stellt sie in den Küchenschrank. Nach ein paar Tagen ist die Milch fest geworden. Wenn man einen Löffel nimmt, kann man sie wie Pudding ablöffeln. Die Milch sieht dann aus wie Joghurt und schmeckt ein bisschen säuerlich. Obendrauf ist eine gelbe und weiße Haut, die am Löffel klebt und wie saure Sahne schmeckt. Ich esse lieber Fruchtjoghurt, aber Vater streut Zucker und Brotkrümel über die Haut und behauptet, nichts schmecke besser als so eine Schüssel saure Milch.

Ludwig hat mich auf die Idee gebracht, zu erforschen, was passiert, wenn man die saure Milch einfach aufhebt und noch ein bisschen länger stehen lässt.

Mutter will nicht, dass ich eine von ihren Milchschüsseln für meine Versuche nehme. Deshalb fülle ich ein Weckglas halbvoll Milch und stelle es oben auf den Schrank in meinem Zimmer – natürlich ohne Deckel. Nach einer Woche sieht es aus wie die saure Milch, die ich kenne: weiß, cremig und obendrauf die fettige Haut.

In der nächsten Woche sieht es immer noch so aus. Aber zwei Wochen später beschwert sich Mutter, in meinem Zimmer würde es unerträglich stinken. Der Geruch kommt aus dem Weckglas! Die saure Milch ist sozusagen zusammengeschrumpft und hat die Farbe von weiß nach hellgrün gewechselt. Ludwig bietet mir an, das Glas bei sich zu Hause im Keller aufzuheben. Dort stellen wir es in ein Regal. Dann verlieren wir es aus den Augen und vergessen die Sache im Lauf des Sommers.

Aber jetzt im Herbst erinnern wir uns wieder: Was wohl aus der sauren Milch geworden ist?

„Der Geruch ist jedenfalls verschwunden", sagt Ludwig, als wir den Kellerraum betreten. Es riecht natürlich irgendwie muffig, aber das ist im Keller normal. Ich nehme das Glas und trage es die Treppe hinauf ans Tageslicht.

Da sehen wir: Am Boden des Glases liegt ein Klumpen. Genaugenommen ist es eine Art Walze, kurz und grün, die im Weckglas auf dem Boden steht. Ich hebe sie heraus. Sie ist hart wie Stein, nur obendrauf ist eine weiche schmierige Schicht. Das Zeug riecht nach Käse. „Es ist ja auch Käse", behauptet Ludwig. „Aber traust du dich, das zu essen?", frage ich.

Als ich Lena davon erzähle, sagt sie: „Euer Sechsmonatskäse ist doch ganz jung!" Sie holt einen Käse aus dem Kühlschrank. Auf der aufgeschweißten Folie lese ich: *Original italienischer Parmesankäse. Mindestens 14 Monate gereift.* „Und auch das ist jung", behauptet Lena, „im Vergleich zu manchen holländischen Gouda-Käsen." Ludwig und ich haben daraufhin einen Käseladen erforscht und 87 verschiedene Sorten gezählt. Darunter waren auch verschiedene Gouda-Sorten: junger, mittelalter, alter und sehr alter Gouda. Der sehr alte Gouda war fünf Jahre alt! Er sah aus wie Stein. „Um den zu schneiden brauchst du einen Presslufthammer", sagt Ludwig.

Manchmal lohnt es sich, einfach zu warten

Bei den Inuits auf Grönland gab es früher einmal ein interessantes Rezept für ein Festessen. Die Zeiten haben sich längst geändert. Heute essen die Leute auf Grönland auch Spaghetti oder Hamburger. Aber damals war alles anders.

Das Eskimo-Rezept

Man fange tausend kleine Vögel, am besten mit Angelschnüren und Angelhaken. Man fange einen fetten Seehund und nehme ihn so aus, dass nur noch die Haut mit der Speckschicht übrigbleibt. Man muss den Seehund durch das Maul ausnehmen, so dass es am Ende einen Sack gibt.

In diesen Sack stopfe die tausend Vogelkörper – Federn, Beine, Schnäbel, alles – und nähe die Öffnung des Seehund-Sacks zu. Dann hast du eine riesige Wurst. Die steckst du zwischen dicke Steine und türmst noch Steine darüber, damit kein Fuchs und kein Eisbär herankommt.

Warte zwei Jahre lang. Nach zwei Jahren haben sich die Vögel mit dem Specksack zu einer grünen Paste verwandelt, die schmeckt nach Pfeffer. Lade deine Freunde zum Festschmaus ein!

Wahrscheinlich ist dieses Rezept wirklich nicht mehr zeitgemäß. Obwohl es zeigt: Im Laufe der Zeit verändern sich die Dinge.

Wie kommen die Löcher in den Käse?
Eine Antwort kannst du im Internet finden:
http://www.wdrmaus. de/sachgeschichten/ loecher_im_kaese/

Nägel im Wasser
Lege eine Handvoll Eisen-Nägel in ein wassergefülltes Weckglas: Was wird passieren? Beobachte und zeichne oder schreibe es auf.

Ein Sauerkraut-Rezept

Eine schmackhafte Verwandlung ist die Verwandlung von gehobeltem Weißkohl zu Sauerkraut.

Du brauchst:
- eine Schüssel
- gehobelten oder geschnittenen Weißkohl, um die Schüssel damit zu füllen
- eine Handvoll Salz
- einen Teller
- einen Ziegelstein

1. Fülle den fein geschnittenen Weißkohl in die Schüssel und streue das Salz darüber.
2. Lege den Teller mit dem Boden nach oben (also umgekehrt) auf den Kohl und darauf den Ziegelstein als Gewicht.
3. Nach zwei oder drei Wochen ist der Teller eingesunken. Darüber steht eine schaumige, blasige Flüssigkeit.
4. Schütte sie weg und stell das Ganze wieder hin wie vorher.
5. Wiederhole es nach zwei Wochen. Wenn sich keine Flüssigkeit mehr zeigt, probiere dein Sauerkraut!

INFO

Die Käse-Herstellung
Ludwigs Käse-Rezept ist ja irgendwie ähnlich wie das Seehund-Vogel-Rezept der Inuits. Tatsächlich wird Käse so gemacht, wie Ludwig es ausprobiert. Aber es gibt schnellere Methoden. Die geronnene Milch kommt auf ein Sieb und eine dünne Brühe fließt ab. Das ist die Molke. Ohne Molke geht das Käsemachen schneller.

Unheimliche Geräusche im Wald

Im Herbst fahren wir in den Wald, um die Hirschbrunft zu beobachten. In der Abenddämmerung gegen sieben Uhr steigt die ganze Familie ins Auto. Wir fahren aus der Stadt hinaus, durch die Dörfer und über das freie Land, bis wir in den Wald zu einem großen Parkplatz kommen. Da parkt Vater das Auto neben vielen anderen Autos und wir gehen zu Fuß weiter in den Wald hinein.

Vom Himmel kommt immer noch ein schwaches Leuchten, obwohl die ersten Sterne schon zu sehen sind. Aber auf dem Waldweg ist es stockfinster wegen der Büsche und Bäume, die den Weg abdecken. Vor uns sehen wir manchmal den Schein einer Taschenlampe. Auf den Waldwegen hier sind viele Leute, aber man bemerkt sie kaum, sie sind ganz still. Die meisten haben einen Platz gefunden, an dem sie bleiben, manche sind noch auf der Suche. Aber auch sie gehen so leise wie möglich.

Auch Vater, Mutter, Lena und ich gehen so leise wir können bis zu einer Lichtung. Dort ist ein großes Stück Nachthimmel zu sehen und neben dem Weg sind riesige alte Bäume mit dicken Wurzeln. Wir setzen uns auf die Wurzeln, lehnen uns an den Baumstamm und lauschen.

Keiner weiß genau, an welcher Stelle des Waldes die Hirsche zu röhren anfangen. Wenn man Glück hat, ist es in der Nähe des eigenen Standortes. Es kommt darauf an, das schaurige Röhren auszuhalten, ohne davonzulaufen. Jetzt, bevor die Hirsche zu röhren anfangen, ist es noch still. So still wie es sonst nie ist. Aber es ist eben doch nicht völlig still.

Ich sitze an den Baumstamm gelehnt und höre die Geräusche der Nacht: Da ist eine Autostraße und ich höre das ferne Summen der Reifen. Ich höre ein Flugzeug, das Geräusch der Düsen, zehn Kilometer hoch vom Himmel und dann das Schlagen einer Tür, Hundegebell aus einem Dorf, und einen Zug, der über ferngelegene Geleise rollt. All das ist weit weg und wenn es nicht so still wäre, wie es in diesem Augenblick ist, würde ich es überhaupt nicht wahrnehmen. Aber es ist eben nicht völlig still. Ich frage mich gerade, wie eine vollkommene, absolute, totale Stille sich wohl anhören würde und ob ich so etwas einmal vernehmen werde, da erhebt sich das mächtige Röhren eines Hirsches.

Das Geräusch ist unglaublich laut und klingt brutal. Ich spüre, wie ich eine Gänsehaut kriege. So etwas Rohes und irgendwie auch Gemeines habe ich noch nie gehört. Es könnte die Stimme des Teufels sein. Und sie ist viel zu nah, wahrscheinlich kommt die Stimme aus dem dunklen Busch vorne auf der Lichtung. Und da hören wir auch schon die Antwort von der anderen Seite.

Sie fängt an mit einem Knarren und endet in einem Gebrüll, das nach Hass und Gewalt klingt. Es ist gut, dass wir hier nicht allein sind. Ich glaube, das sieht Lena ähnlich wie ich.

Ich schaue nach oben, vor dem dunkelblauen Himmel steht das Blätterdach unseres Baumes wie ein Scherenschnitt. Viele Sterne sind da. Sie sind sehr weit weg und sie geben ein kaltes Licht, auch wenn sie in Wirklichkeit lauter ferne heiße Sonnen sind.

Hinter uns, mitten im finsteren Wald, beginnt ein dritter Hirsch zu rumoren. Er hustet und

röhrt und er röhrt und hustet. Die Stimmen der Hirsche von der Lichtung erheben sich wieder, aber sie klingen jetzt leiser, scheinen sich zu entfernen. „Gut, dass sie weggehen", flüstert Lena und Mutter nimmt sie in den Arm. Wir bleiben noch eine Viertelstunde und lauschen auf die Geräusche des Waldes. Da ist ein Rascheln, das wir nicht erklären können und die Rufe der Hirsche, die wie Gespenster im Dunkeln umherziehen.

Dann fassen wir uns an der Hand und gehen zurück. Als wir im Auto sitzen, sagt Vater: „Ich lade euch ein zum Hamburger essen – mit Pommes." Und Lena sagt: „Ich liebe die Zivilisation."

Am nächsten Morgen erzähle ich Ludwig von unserem Familienausflug. Er behauptet, dass die Jäger jedes Jahr einen Wettbewerb im Hirschröhren veranstalten. Sie ermitteln denjenigen unter ihnen, der am ähnlichsten so röhren kann wie ein Hirsch. Wer will, kann sich zu dem Wettbewerb melden.

Natürlich üben diese Männer schon das ganze Jahr über. Wahrscheinlich haben sie ein Tonband mit Aufnahmen von röhrenden Hirschen. Sie hören genau zu und üben dann, genauso wie ein Hirsch zu brüllen und zu gurgeln – wahrscheinlich im Keller oder in einem schalldichten Tonstudio. „Vermutlich spielen sie sich ihr eigenes Röhren vom Tonband vor, um ihre Röhrtechnik zu vervollkommnen", meint Ludwig und schmunzelt.

„Beim Wettbewerb wird dann der Reihe nach jeder nach vorn treten und seine Kunst vorführen und derjenige, bei dem die Zuhörer und Zuhörerinnen den gruseligsten Schauer empfinden, wird dann als Sieger des Hirschbrunft-Wettbewerbs geehrt. Und er bekommt ein Gemälde von einem röhrenden Hirsch!", erzählt er weiter.

Ich habe den Verdacht, dass sich Ludwig über mein Erlebnis bei der Hirschbrunft lustig macht und das ärgert mich. Um ihm zu beweisen, wie unmöglich seine Geschichte ist, sage ich: „Aber wie willst du den besten Röhrer auf gerechte Weise ermitteln? Willst du etwa den Schauer messen, den die Zuhörer spüren?"

– „Nein, es gibt eine Jury, die trifft die Entscheidung. Der Jury gehören sechs Personen an und die sagen am Ende, wer gewonnen hat."
– „Aber die können doch gar nichts beweisen. Die sagen doch nur, welcher jedem am besten gefallen hat! Jeder entscheidet also nach seinem eigenen Geschmack. Das ist doch nicht gerecht!"
– „Nun, sie haben ein paar Dinge vereinbart, auf die sie achten. Zum Beispiel die Lautstärke. Wer zu leise röhrt, kommt als Sieger nicht in Frage. Und dann selbstverständlich die Originaltreue, es muss halt klingen wie ein Hirsch und nicht wie ein Esel. Und dann die Nachhaltigkeit."
– „Was soll denn das heißen?"
– „Also, das Röhren muss schön in die Länge gezogen sein und nachhaltig wirken. Jemand, der nur kurz aufröhrt, scheidet aus."
– „Trotzdem bleibt es am Ende ungenau, weil die Wirkung des Wettröhrens ja auch von der Stimmung der Umgebung und der Zuhörerinnen und Zuhörer abhängt und vielleicht sogar davon, wie die Jäger aussehen, ob sie eine Jägeruniform tragen und so weiter."
– „Klar, das ist genau wie bei der Hirschbrunft im Wald. Die Wirkung im Wald ist anders als die Wirkung im Zoo und die Wirkung im Dunkeln ist anders als die Wirkung im Hellen. Das Ganze ist immer nur eine Show!"
– „Dann gäbe es keine Unterschiede zwischen dem Echten und dem Künstlichen! Das glaubst du doch selber nicht!"
– „Aber was würde der Unterschied nützen?", fragt Ludwig und lacht. Ob er mich auslacht?

Unheimliche Geräusche

- Du bist nachts allein zu Haus. Alle sind gegangen, keiner ist mehr da. Es ist still. Da, ein Geräusch. Was war das?

- Wie konnte das nur passieren? Hier sind wir, mitten im Wald, zu zweit und doch allein, wir haben den Weg verloren, wir kennen uns hier überhaupt nicht aus. Allmählich wird es dunkel. Rechts vor uns liegt ein undurchdringliches Dickicht. Und von dort kommt jetzt – wir hören es beide, und es verschlägt uns den Atem – dieses lang gezogene Geräusch.

- Das Meer rauscht, der Wind weht, aber gibt es außerdem irgendwas zu hören? Nach drei Tagen auf hoher See sind wir endlich auf dieser Insel gelandet. Jetzt stehen wir auf dem Strand; die Insel, die vor uns liegt, war auf keiner Karte eingezeichnet. Sie ist vollkommen unbekannt. Wir horchen angestrengt auf jedes Geräusch. Vielleicht hören wir etwas, das uns etwas über unsere Lage verrät. Und da, tatsächlich: War da nicht ein Knacken oder ein Schuss aus einer Pistole?

 Wie könnten die Geschichtenanfänge weitergehen? Suche dir eine aus und schreibe weiter.

123

Ein Futterhäuschen namens Ludwig

Am Montag hat Ludwig angefangen, „menschliches Futterhäuschen" zu spielen: Er sitzt still im Garten und auf seiner ausgestreckten Hand liegen Sonnenblumenkerne. „Sie beobachten uns", hat Ludwig über die Vögel gesagt. „Wenn wir es richtig anstellen, kommen sie ganz nahe und nehmen uns das Futter aus der Hand."

Das glaube ich aber nicht und so kommt es, dass wir „Wetten dass …" spielen. Wenn Ludwig gewinnt, muss ich ihm ein Vogelbestimmungsbuch kaufen, und wenn er verliert, muss er als Vogel verkleidet zur Schule gehen.

Ludwig kauft eine Packung Vogelfutter und verstreut ein paar Handvoll Körner vor den Büschen und Bäumen hinter dem Haus. Dann schüttet er sich ein Häufchen in die Hand und setzt sich auf die Treppe am Hintereingang. Er legt die Hand mit dem Vogelfutter nach oben offen auf sein Knie, wie eine Schüssel, und sitzt bewegungslos da. Vom Wohnzimmerfenster aus kann ich ihn sehen. Eine ganze Stunde lang sitzt er in der Frühlingssonne, dann steht er auf. „Gewonnen!", rufe ich, aber Ludwig sagt, das sei erst der Anfang gewesen.

Am Dienstag sitzt er wieder eine Stunde lang auf der Treppe und spielt das menschliche Futterhäuschen. Ein paar Vögel picken die Körner auf, die Ludwig im Hof ausgestreut hat, aber keiner kommt nahe heran. Genauso geht es am Mittwoch und Ludwig fängt an, mir leid zu tun. Aber gewettet ist gewettet!

Am Donnerstag kommt eine Kohlmeise, während ich gerade woanders hinschaue. Aber die beiden Blaumeisen, die kurze Zeit danach auftauchen, sehe ich genau. Eine fliegt auf Ludwigs Hand, pickt blitzschnell einen Sonnenblumenkern und saust davon. Die andere Blaumeise sitzt auf Ludwigs Schulter, hüpft dann auf die Futterhand herunter und durchwühlt die Körner mit ihrem Schnabel.

Es ist sensationell! Die Vögel fressen Ludwig aus der Hand. Aber das Größte überhaupt passiert, als ich es selbst ausprobiere: Es dauert keine zehn Minuten, bis eine Kohlmeise auf meine Hand fliegt. Sie hält sich an meinem Daumen fest, ich spüre das Zucken des Tieres, ein Kitzeln und Kratzen. Dann greift die Kohlmeise mit dem Schnabel einen Sonnenblumenkern und saust damit ab ins Gebüsch wie ein Strich. In dem Bestimmungsbuch, das ich Ludwig als Wettschuld kaufen muss, sind unglaublich viele Vögel. Ich will nicht angeben, aber mindestens ein Dutzend kenne ich mit Namen. Trotzdem finde ich es schade, dass Ludwig jetzt nicht als Vogel verkleidet zur Schule gehen muss.

Lena ist beeindruckt. Sie sagt, sie hätte nie geglaubt, dass Ludwig so viel Geduld aufbringen würde. „Was ist das Wichtigste, das man bei der Naturbeobachtung können muss?", fragt sie und gibt gleich selber die Antwort: „Geduld haben und Warten können. Schon dabei zuzuschauen, wie ein Vogel im Frühjahr am Nest seine Jungen füttert, verlangt Geduld. Und wer eine Biene auf einer Blüte beobachten will, braucht einige Ausdauer, um zu verfolgen, was sie genau macht, weil man nämlich öfters hinschauen muss, um die Geschichte zusammen zu puzzeln." Für solche Beobachtungen, behauptet sie, seien die meisten Jungen viel zu ungeduldig. Da kennt sie Ludwig und mich aber schlecht!

Beobachte das Futterhäuschen:

Kommen auch andere Tiere außer Vögel zum Häuschen? Wenn ja, welche?

Beobachten verlangt Geduld

Schau den Vögeln am Futterhäuschen zu. Nimm dir dafür mindestens eine Viertelstunde Zeit. Vielleicht siehst du einen seltenen Vogel, der auf den Fotos nicht dabei ist.

Wie kannst du den Namen des unbekannten Vogels herausfinden?

Welchen Vogel kannst du auf der Zeichnung wieder erkennen?

Auf den Fotos siehst du eine Blaumeise, eine Kohlmeise, ein Amselmännchen und einen Dompfaff. Aber welcher ist welcher? Wenn du dir nicht sicher bist, schlag in einem Bestimmungsbuch nach!

Mit Pflanzen und Tieren drucken

„Von welchem Baum ist dieses Blatt?", fragt Ludwig und hält mir einen Bogen Papier mit einem Bild unter die Nase. Es ist kein Foto, es ist keine Zeichnung, es ist nicht aus einem Buch kopiert oder aus einem Magazin herausgerissen.
– „Selber gemacht?", frage ich zurück.
– „Klar!"
– „Und wie?"
– „Ich zeig´s dir, aber erst musst du den richtigen Namen sagen."
– „Rumpelstilzchen?"
– „Falsch, Feldahorn", berichtigt mich Ludwig.

Dann zeigt er mir trotzdem, wie das Naturdrucken geht. Er breitet einen Bogen Zeitungs-

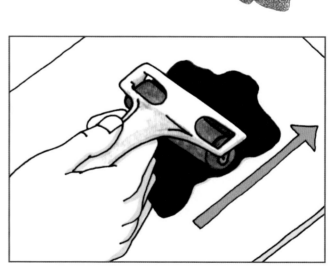

papier auf dem Tisch aus und legt eine Rolle mit einer Gummiwalze hin, die er im Tapetengeschäft gekauft hat. Dann legt er eine Glasscheibe hin, die aus einem Bild ohne Rahmen stammt. Nun öffnet er den Verschluss einer Tube mit schwarzer Linoldruckfarbe, drückt einen kleinen Klecks auf die Glasscheibe und walzt dann den Klecks mit der Rolle aus. Ludwig erklärt: „Pass auf, was ich mache! Gleich kommst du dran. Wichtig ist es, immer in einer Richtung zu walzen bis die Farbe zu einer ganz dünnen Schicht ausgewalzt ist. Hörst du, wie es am Anfang beim Walzen immer so macht: *Schl, schl* und jetzt, wo es ausgewalzt ist: *sss, sss.*"

Er bricht einen Zweig vom Farn im Wohnzimmer ab, legt ihn auf die Zeitung, nimmt die Farbwalze und walzt die schwarze Farbe von der Glasscheibe über den Farnzweig.

„Das musst du sorgfältig machen", erklärt Ludwig, „ein altes Naturdrucker-Sprichwort lautet: Nur da, wo Farbe ist, ist nachher auch ein Bild."

Als er den Farnzweig überall eingeschwärzt hat, legt er die Farbwalze zurück, nimmt einen Bogen weißes Papier und legt ihn auf den Tisch. Dann legt er den Zweig mit der eingefärbten Seite nach unten auf diesen Bogen und deckt ihn mit einem zweiten Bogen Papier ab. Schließlich drückt er fest mit der Hand auf das Papier, unter dem der Zweig liegt, und presst und reibt mit den Fingerspitzen.

„Pass auf, dass nichts verrutscht!" Jetzt nimmt er den Bogen ab, fasst den Farnzweig am Stiel mit spitzen Fingern und hebt ihn empor. „Da schau her, hier ist er, der Wurmfarn – jetzt bist du dran.", fordert mich Ludwig auf.

Eine Feder soll ich drucken, die er als Lesezeichen in einem Buch hatte. Ich mache alles nach, wie er es vorgemacht hat, und tatsächlich: Es gibt ein genaues Bild. „Was für eine Feder ist das?", frage ich. „Von einer Ringeltaube", weiß Ludwig. „Woher kennst du bloß all die Namen?", staune ich. „Vom Drucken", antwortet

er. „Ich drucke ein Naturding und schaue in Bestimmungsbüchern nach, was es ist."

Er holt ein Heft aus dem Regal, in dem lauter Naturdrucke sind. Ludwig hat den Namen der Pflanzen immer daneben geschrieben. Abgeschrieben aus dem Bestimmungsbuch, gibt er zu.

– „Aber so lernst du die Namen und kannst die Pflanzen beim Namen nennen."
– „Aber was habe ich davon, wenn ich die Namen kenne?"
– „Dann kannst du zum Beispiel ein Feldahorn von einem Spitzahorn unterscheiden und du weißt, wie eine Buche aussieht und eine Linde."
– „Aber was nützt mir das?"
– „Du fängst an, die Natur zu sehen."
– „Aber die Natur sehe ich doch auch ohne die Namen!"

„Was du siehst, ist Grünzeug, eine Art grüne Soße", sagt Ludwig, und verzieht sein Gesicht. „Angeber!", sage ich und gehe nach Hause.

Einen Tag später behauptet Ludwig, heute würde er einen Fisch drucken. Wenn ich wollte, könnte ich ja dabei zusehen. Eine Scholle hat er besorgt. Ich schaue zu, wie er einen dicken Klecks Linoldruckfarbe auf seiner Glasscheibe auswalzt und dann den Fisch mit der Walze einfärbt. „So weit", erklärt mir Ludwig, „ist es genau wie bei den Blättern und den Federn. Aber jetzt kommt der große Unterschied."

Er holt einen Bogen Seidenpapier und breitet ihm wie eine Decke von oben über den eingefärbten toten Fisch. Dann drückt er das Seidenpapier auf den Fischkörper. Das Papier ist leicht durchsichtig, ich sehe die Schuppen, die Augen, die Kiemendeckel und die Flossen. Als Ludwig den Bogen an einem Ende anhebt und ihn wie eine Fahne von dem Fischkörper abzieht, ist der Fisch genau abgedruckt. Ich sage ablehnend: „Fische drucken ist abartig."

– „Wieso?"
– „Weil Fische Lebewesen sind."
– „Das sind Pflanzen auch."
– „Aber anders. Wir vernichten sie nicht. Wir nehmen nur ein Blatt oder eine Frucht, vielleicht sogar ein Blatt, das schon vom Baum herabgefallen ist und eigentlich schon tot ist."
– „Aber die Fische sind auch schon tot. Ich kaufe sie im Fischgeschäft, ich vernichte nichts."
– „Aber im Geschäft sind sie als Lebensmittel. Die Leute kaufen sie, um sie zu essen. Und du druckst sie einfach. Das ist so ähnlich, als ob du einen Brotlaib anschneidest und dann die Schnittfläche mit Druckfarbe einfärbst, nur um das Brot, um eine Brotscheibe zu drucken."

Ludwig denkt einen Augenblick lang nach, dann meint er: „Ich glaube, ich weiß, was dich stört. Das Wort ‚Lebensmittel' ist es. Vielleicht meinst du, es ist in Ordnung, einen Fisch zu essen, um den Hunger zu stillen, weil der Mensch ja leben muß. Aber es ist frivol, den Fisch zu drucken statt ihn zu essen?"

„Genau", bestätige ich, „obwohl ich nicht weiß, was das Wort ‚frivol' bedeutet. Es ist einfach krank, mit Lebensmitteln zu drucken."

„Was du sagen willst, ist ungefähr dies: Fische essen ist gut, Fische drucken ist schlecht", ent-

gegnet Ludwig. „Ungefähr ja", sage ich. „Aber woher nur nimmst du die Gewißheit, dass das eine moralisch richtig und das andere moralisch falsch ist?", grübelt Ludwig. „Vielleicht hat es mit Respekt vor den Lebewesen zu tun?", schlage ich vor.

„Protest, Protest!", ruft Ludwig da, „Ich protestiere gegen die Unterstellung, dass ich keinen Respekt vor den Lebewesen haben soll, nur weil ich sie drucke. Im Gegenteil, ich schaffe ein Abbild von ihnen, weil ich sie bewundere. Die feinen Einzelheiten an den Flossen und an den Schuppen, ganz genau abgedruckt, und die Gestalt des Fisches, so schön in dem Bilde aufgehoben ist sie. Wie kannst du nur behaupten, dass es moralisch besser ist, einen Fisch zu kochen und ihn dann zu verschlingen, als seine Form zu drucken, um ihn zu bewahren?"

„Da habe ich ein starkes, bestimmtes Gefühl, eine tiefe Abneigung", antworte ich. „Und ich wette mit dir, dass es fast allen Menschen genauso geht wie mir. Wenn wir eine Volksabstimmung über das Fischdrucken machen würden, dann wärest du in der Minderheit", behaupte ich und zeige ihm zwischen Daumen und Zeigefinger, wie verschwindend gering die Minderheit sein würde, in der er dann wäre.

„Nun ja", gibt Ludwig zu, „das mag sein. Ich bin mit meiner Meinung manchmal in der Minderheit. Deswegen muss ich nicht unrecht haben. Aber das mit dem Brotlaib ist übrigens wirklich eine gute Idee. Das werde ich unbedingt probieren."

Es sind solche Bemerkungen, die mir das Zusammensein mit Ludwig manchmal schwer machen.

131

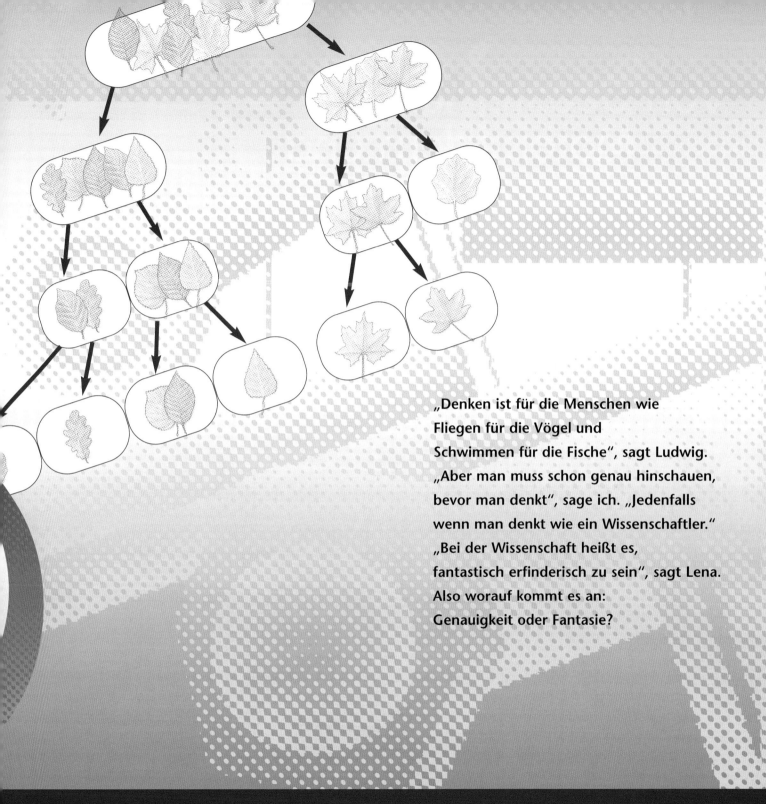

„Denken ist für die Menschen wie
Fliegen für die Vögel und
Schwimmen für die Fische", sagt Ludwig.
„Aber man muss schon genau hinschauen,
bevor man denkt", sage ich. „Jedenfalls
wenn man denkt wie ein Wissenschaftler."
„Bei der Wissenschaft heißt es,
fantastisch erfinderisch zu sein", sagt Lena.
Also worauf kommt es an:
Genauigkeit oder Fantasie?

VON WISSENSCHAFT UND TECHNIK

Von Seesternen,
Motorrädern und
Regenschirmen

Wir fahren mit der Schulklasse nach Sylt auf Klassenfahrt. Die Reise ist eine besondere, denn wir nehmen nicht wie zu anderen Inseln eine Fähre. Nein, wir fahren mit der Eisenbahn über einen langen schmalen Bahndamm mitten durchs Meer auf die Insel. Vom Bahnhof geht's dann mit dem Bus in das Schullandheim.

Ludwig und ich haben wieder mal Glück: Wir kommen beide in ein Zimmer. Wir packen unsere Sachen aus, hören uns die vielen Verhaltensregeln an, die Frau Ehlers und der Hausmeister verkünden, und ziehen dann mit den anderen gleich zum Strand. Die Sonne scheint zwischen weißen Wolken hervor, die Luft ist kalt und windig. Das Meer ist grün und grau mit hellen Streifen und reicht so weit ich sehen kann. „Das hat gar kein Ende!", rufe ich Ludwig zu. „Doch, das Ende ist am anderen Ufer", antwortet Ludwig. Einige aus meiner Klasse rennen gleich ins Wasser, andere fangen ein Fußballspiel an. Ludwig und ich gehen den Strand entlang.

Wo der Strand in das Wasser reicht, schlagen die Wellen ein Stück über den Sand. Wenn das Wasser wieder abläuft, erscheint eine vollkommen glatte und nasse Sandfläche. Da liegen dann Dinge, die die Wellen mitgebracht haben.

Wir finden viele große Schneckenhäuser mit einer langen Spitze. Leider sind alle beschädigt, das Meer hat den meisten ein Loch an der Stelle in die Seite geschlagen, wo das Gehäuse am breitesten ist. Wir können die Spindel in der Mitte sehen, um die herum sich das Schneckenhaus windet und sammeln die angeschlagenen Gehäuse in einer Plastiktüte. Ludwig sagt, es sind

Wellhornschnecken. Wir nehmen uns vor, an einem Regentag mal eine vergrößert mit Bleistift abzuzeichnen.

Wir finden auch schmale Muschelschalen, länger als meine Hand und nur so breit wie ein Finger, die außen grün und braun sind, aber innen von Perlmutt überzogen. Da schimmern sie weiß und blau. Und andere, die aussehen wie Engelsflügel. Sie zeigen alle möglichen Farben: blau und gelb und rosa. Und die hellen Herzmuscheln – manchmal finden wir zwei Schalen, die genau zueinander passen. Sie sitzen wie maßgeschneidert aufeinander und ergeben eine komplette Muschel. Wenn man sie von der Seite anschaut, weiß man, weshalb sie „Herzmuschel" heißt. Und wir finden dunkle Muscheln, die wie ein krummer Tropfen geformt sind, manche so klein wie ein Daumennagel, andere groß wie meine Hand. Sie sind innen auf der Perlmuttseite blau.

Am häufigsten finden wir Seesterne. Auf dem Sandstreifen wimmelt es sozusagen von Seesternen. Auch sie haben verschiedene Farben, hellbeige und dunkelbraun. Manche sind klein wie ein Centstück, einige haben die Größe eines kleinen Tellers. Als ich einen Seestern auf meine Hand lege – er kratzt ein bisschen – bewegt er einen oder zwei seiner fünf Arme: Er lebt! Alle, die wir finden, sind noch am Leben. Das Meer hat sie auf den Strand gespült und Ludwig und ich beschließen, sie wieder zurückzuwerfen. Vielleicht haben sie so eine Chance, weiter zu leben. Wir schleudern jeden Seestern so weit hinaus, wie wir können.

Aber das Meer ist groß und die Wellen hören nicht auf, Dinge an den Strand zu spülen. Vielleicht trägt schon die nächste Welle den Seestern, den ich eben hinausgeworfen habe, wieder zurück, bevor er noch im Wasser hinabgesunken ist. Trotzdem finden wir es gut, die lebenden Seesterne zurückzuwerfen. „Es ist irgendwie richtig", finde ich. Obwohl Ludwig meint, dass es dem Meer völlig egal ist, ob ein Seestern am Leben bleibt oder nicht, arbeitet er auch als Retter der Sterne.

Außerdem gibt es Strandkrabben, sie liegen auf dem nassen Sand und sehen aus wie das Bild von einer Versteinerung. Wenn man sie aufhebt, lassen sie alle acht Beine herabhängen. Man muss vorsichtig mit ihnen sein: Leicht fällt ein Bein oder eine Schere vom Körper ab, viele sind nicht mehr komplett. Wir nehmen jedenfalls ein paar besonders gut erhaltene Strandkrabben für unsere Sammlung mit.

In dem kleinen Zimmer, das ich mit Ludwig teile, breiten wir auf der Fensterbank unsere Fundstücke aus. „Am wichtigsten ist die Ordnung der Dinge", erzählt Ludwig. „Wir haben es hier mit lauter Resten von Tieren zu tun. Sie waren ganz anders als Hunde und Katzen oder als wir. Wir haben nämlich im Inneren unseres Körpers ein Gerüst aus Knochen und diese Tiere haben außen herum eine harte Schicht, die den weichen Körper schützt. Man kann sagen, sie haben alle einen Außenschutz und wir anderen Lebewesen haben einen Innenschutz." Ich denke nach: „Aber was ist mit den Bäumen?" „Das sind doch Pflanzen und keine Tiere. Die lassen

wir jetzt mal weg", antwortet Ludwig. „Und was ist mit den Fischen?" „Ganz klar, die gehören zu den Tieren mit Knochengerüst, auch wenn es eigentlich Gräten sind", erklärt Ludwig und erzählt weiter: „Also, wenn du das Tierreich ordnen willst, kannst du es einfach so machen: Die einen Lebewesen – Hunde und Katzen und Menschen und Fische und so – haben innen ein Knochengerüst, und die anderen – Muscheln und Schnecken und Krabben – haben das nicht. Die einen haben es, die anderen nicht. Und das ist der ganze Unterschied. Also, welche Bezeichnung schlägst du vor?"

„Wir nennen die einen einfach ‚Tiere mit Knochen' und die anderen ‚Tiere ohne Knochen'", antworte ich. Ich weiß, dass es so richtig ist, denn ich habe einmal ein Buch mit vielen Tierbildern gesehen (bei den richtig wissenschaftlichen Büchern, die meine Eltern im Bücherregal haben). Da war der gleiche Unterschied gemacht, nur mit anderen Worten: Die einen Tiere hießen „Wirbeltiere" und die anderen hießen „Wirbellose".

„Da hast du für die zweite Gruppe von Tieren einen komischen Namen erfunden", meint Ludwig. „Wie kannst du sie nach etwas benennen, das sie nicht haben? Wäre es nicht besser, wir würden sie nach dem nennen, was sie haben? Also nach dem Schutzschild oder Panzer außen herum? Die einen haben innen ein Knochengerüst, die anderen haben außen einen Panzer. Wir nennen sie ganz einfach ‚Außenschutz' und ‚Innenschutz'."

Jetzt fällt mir ein, dass ich vorhin am Strand einen einzigen kleinen Seestern gefunden habe, der sich nicht mehr bewegt hat. Er war tot und ich habe ihn mitgenommen. Jetzt hole ich ihn aus der Tasche, in die ich ihn vorhin hineingesteckt hatte. Er ist der Beweis dafür, dass die Lebewesen ohne Knochen nicht alle einen Panzer haben.

„Der hier hat nur eine dicke Haut", sage ich, „und denk nur an die vielen Würmer, die es gibt, und die noch nicht mal eine dicke Haut haben."
„Trotzdem ist es unlogisch, Tieren einen Namen zu geben, der bedeutet, dass ihnen etwas fehlt", beharrt Ludwig. „Uns fehlt zum Beispiel ein Außenpanzer. Da könntest du dann die Lebewesen so einteilen: Auf der einen Seite sind solche mit einem Außenpanzer und auf der anderen Seite solche ohne Außenpanzer. Da würden wir mit den Seesternen und den Würmern eine Gruppe bilden."

Da hat Ludwig aber unrecht. Ich erkläre ihm: „Das ist ja nicht viel anders als jetzt, wo wir mit den Fischen und den Fröschen und den Katzen und Mäusen zusammen in einer Gruppe von Knochentieren sind. Mir kommt es nur darauf an, dass die Wissenschaft stimmt!" Und dann erzähle ich Ludwig von dem Buch, das ich gesehen habe, und von den beiden Wörtern „Wirbeltiere" und „Wirbellose Tiere", nach denen dort das ganze Tierreich in zwei Teile aufgeteilt ist.

„Ein Wirbel ist ein Stück von der Wirbelsäule", meint Ludwig nachdenklich und ratscht mit seinem Daumen meinen Rücken hinab, an meiner Wirbelsäule entlang. „Die Einteilung in solche, die da etwas haben, und solche, die da nichts haben, lässt die Tiere, die da nichts haben, im Dunkeln. Es könnten Muscheln sein oder Schnecken, die einen dicken Außenpanzer haben. Es könnten aber auch Strandkrabben sein, die viele dünn beschichtete Teile haben, oder Würmer, die überhaupt keine harten Schutzteile haben. Die Wissenschaft müsste doch genau sein."

„Und wenn die Genauigkeit doch da ist?", rufe ich, denn ich sehe gerade in diesem Augenblick die Lösung des Problems: „Wenn es nämlich auf die Geschichte ankommt. Also darauf, was zuerst da war und was dann gekommen ist. Und wie es kommt, dass dann sogar Menschen auf die Welt gekommen sind?"

„Du meinst die Entwicklung der Lebewesen", grübelt Ludwig. „Das gibt wirklich eine Reihenfolge. Vielleicht ist es ja tatsächlich so, dass die Tiere mit den Knochen und Wirbeln erst ganz am Ende entstanden sind, als die Tiere mit den Schutzpanzern oder die mit der weichen Haut schon längst da waren. Aber ist das ein guter Grund dafür, sie alle in einen Topf zu werfen?"

Die Sache mit der Wissenschaft lässt Ludwig keine Ruhe. Wir sind schon längst wieder zurück von unserem Aufenthalt auf der Insel, da zeigt er mir ein Plakat, auf dem Bilder von 82 Motorrädern zu sehen sind: ein großes und 81 kleine.

„Hier siehst du die Entwicklung des Motorrades", erklärt er. „Von 1923 bis 1997 hat sich das Motorrad bei BMW in dieser Reihenfolge entwickelt. Siehst du die Ähnlichkeit mit der Entwicklung der Lebewesen?"

Ich schau mir das Plakat genau an. „Nein", antworte ich dann, „keine Ähnlichkeit. Die Din-

1998: 75 Years of BMW Motorcycles

BMW is proud to support the exhibition

The Art of the Motorcycle

June 26 to September 12 1998 Solomon R. Guggenheim Museum 1071 Fifth Avenue (at 89th Street) New York

ger hier sehen alle ziemlich gleich aus, aber bei den Lebewesen gibt es große Unterschiede, zum Beispiel zwischen dir selbst und einer Ameise."

Aber Ludwig erklärt mir, dass 75 Jahre nichts sind im Vergleich zu 75 Millionen Jahren, dass es bei den abgebildeten Motorrädern große Unterschiede gibt, was zum Beispiel Kraft und Benzinverbrauch und Bremsen betrifft und dass er auch Ähnlichkeiten zur Entwicklung der Lebewesen sieht: „Zum Beispiel: Wenn anstelle der Straßen nur noch Wasserkanäle da wären, dann wäre BMW gezwungen, ein neues Motorrad zu entwickeln, das im Wasser fahren kann", fantasiert Ludwig. „Das würde dann plötzlich ganz anders aussehen als alle Motorräder auf dem Plakat. Es müsste ein Motorrad mit Schiffsschraube sein", behauptet Ludwig. „Dann hättest du schon zwei Arten, solche mit Rädern und solche mit Schiffsschrauben."

Vater erklärt mir am Abend, eine Wissenschaft hat einen ganz genau bestimmten Gegenstand und eine eigene Methode zur Erforschung des Gegenstandes. Ich hatte Vater gefragt, weil mich Ludwig mit seinen andauernden Zweifeln an der Wissenschaft von den Lebewesen allmählich anfing zu nerven.

Das mit der eigenen Methode zur Erforschung ist ein bisschen schwierig. Ich weiß nicht, wie ich es mir vorstellen soll. Natürlich findet Ludwig am nächsten Morgen auf dem Schulweg eine passende Erklärung: „Eine Wissenschaft über Steine untersucht Steine, eine über Lebewesen untersucht Pflanzen und Tiere, eine über Bücher untersucht, was andere aufgeschrieben haben,

und eine über Regenschirme untersucht Regenschirme." Nach einer Pause fügt Ludwig hinzu: „Und natürlich Sonnenschirme, denn Sonnenschirme sind eine Untergruppe von Regenschirmen."

Ludwig meint, die Regenschirmforschung sei eine junge Wissenschaft. „Ziel dieser Wissenschaft ist es, alles über Regenschirme herauszufinden: Wie viele es gibt – in der Stadt und auf den Dörfern, in den ärmeren und in den reicheren Ländern und wodurch sie sich unterscheiden: die Frauenschirme von den Männer- und den Kinderschirmen, ältere von jüngeren, die verwendeten Materialien, also die Stoffe, die metallenen und die Holz- bzw. Plastikteile.

Außerdem untersucht die Regenschirmforschung die Preise der Schirme im internationalen Vergleich, die Frage, wann und warum sich Menschen einen bestimmten Schirm kaufen, die Entwicklung des Regenschirmes, seine kulturgeschichtlichen Ursprünge: zum Beispiel die Frage, ob der Schirm zuerst als ein Regen- oder als ein Sonnenschirm gedient habe und die Durchforschung der Bibliotheken auf Texte, in denen von Schirmen die Rede ist, und der Museen auf Bilder, auf denen Schirme zu sehen sind!"

Ich starre Ludwig mit offenem Mund an. „Dies alles", behauptet Ludwig, „wird das Wissen der Menschheit über den Regenschirm um vielfältige Ansichten bereichern und dadurch zum Fortschritt der Menschheit beitragen!"

Ich weiß natürlich, dass Ludwig wieder einmal übertreibt, aber etwas davon bleibt doch bei mir hängen. Ich fange an, neue Wissenschaften zu erfinden. Wenn ich mir morgens die Schuhe

schnüre, dann stelle ich mir vor, es gäbe eine Schuh-Wissenschaft, die alles erforscht, was mit Schuhen zusammenhängt: Geschichte, Verbreitung und Herstellung. Wenn ich abends im Bett liege, stelle ich mir vor, dass es eine wissenschaftliche Forschung über die Träume gibt, in denen ich mich nachts befinde. Die erforscht, woher die Träume kommen, was sie bedeuten und ob ‚Traumfänger' nützlich sind, um böse Träume einzufangen und den Menschen ruhig schlafen zu lassen. Beim Frisör lese ich dort neben dem Eingang das Wort „Keralogie" und Vater behauptet tatsächlich, damit sei die Wissenschaft vom Haareschneiden gemeint!

140

Die Tätigkeit der Wissenschaftler

 Zeichne das Schneckenhaus.

Was die Tätigkeit der Wissenschaftler zur Wissenschaft macht, ist das Beobachten und das Ordnen.

1. Das Beobachten:

Beim Beobachten heißt es, ganz genau hinzuschauen. Hier arbeitet der Wissenschaftler so ähnlich wie eine Zeichnerin. Probiere es selbst einmal aus: Nimm ein leeres Schneckenhaus und zeichne es ab. Deine Zeichnung soll so groß sein wie ein großer Papierbogen, am besten DIN A3. Mit deiner Zeichnung vergrößerst du alles, was du siehst. Du nimmst wahrscheinlich Einzelheiten wahr, die du bestimmt übersehen hättest, wenn du das Schneckenhaus nicht abzeichnen müsstest.

 **Welche Teile und Formen nimmst du jetzt genauer wahr als vorher?**

Sammle Blätter und ordne
sie in die verschiedenen
Gruppen.
Wieviel Gruppen findest du?
Du kannst auch andere
Dinge ordnen, z.B. Steine,
Muscheln, ...

2. Das Ordnen

Ordnen ist die zweite wichtige Tätigkeit des Wissenschaftlers. Es hilft, wenn man mit anderen über die Ordnung der Dinge redet. Ludwig behauptet, dass das Ordnen mit dem Beobachten zusammenhängt. Er sagt: „Je genauer ich beobachte, um so besser kann ich ordnen." Stimmt das?

Die Ordnung der Blätter

142

Links siehst du die Blätter von Birke, Kirsche, Linde, Buche, Spitzahorn, Eiche, Bergahorn und Pappel.

1. Zuerst liegen alle Blätter in der oberen Reihe zusammen.

2. Dann haben wir sie nach der Form geordnet. Es gibt zwei Gruppen: eher längliche Blätter und eher rundliche Blätter. Das ist die zweite Reihe von oben.

3. Dann haben wir die Blätter nach dem Muster des Blattrandes jeweils in weitere Gruppen unterteilt: „gewellt" und „gezipfelt", „gezackt" und „glatt". So entstehen insgesamt vier Gruppen. Das ist die dritte Reihe von oben.

4. Schließlich haben wir den Blattrand genauer beobachtet und weitere Gruppen gebildet: „glattrandig", „gebuchtet", „regelmäßig gesägt" und „schrotsägeförmig gesägt", „gezipfelt" und „gelappt". Das sind die Blätter in der 4. Reihe.

DENKE NACH!

Ob alles zur Wissenschaft werden kann?

- Regenschirmkunde (Umbrellaologie)
- Haarpflegekunde (Keralogie)
- Schreibgeräteforschung (Pencilogie)
- Radiergummikunde (Eraserologie)
- Gummibärchenforschung (Chemie)
- Spaghettikunde (Pastalogie)
- Fernsehprogrammforschung (Televisionäre Mediologie)
- Erforschung von Taktiken zur Verhinderung des Ins-Bett-Gehen-Müssens (Elusiologie)

AUFGABE

1. Welche Gegenstände müssen von diesen Forschungsgebieten beobachtet und geordnet werden?

2. Was meinst du: Genügt das Beobachten und Ordnen oder fehlt noch etwas, um aus diesen Tätigkeiten eine Wissenschaft zu machen? Was könnte das sein?

Tausend Spiegelungen

Um lästigen Schnüffeleien durch Erwachsene zu entgehen, haben Lena und ich folgende geheime Schreibmethode entwickelt:

Wir schneiden einen schmalen Streifen von einem Papier oder einem Karton und nehmen eine halbe Zitrone. Wir drücken ein paar Tropfen Zitronensaft in eine Tasse, tunken den Kartonstreifen dort hinein und schreiben damit auf ein weißes Blatt Papier. Der Zitronensaft trocknet und ist unsichtbar. Ich gebe Lena dann den beschriebenen Bogen oder sie gibt mir ihren und keiner kann sehen, was darauf steht. Wenn ich von Lena ein solches Papier bekomme, gehe ich in die Waschküche zum Bügelbrett, stelle das Bügeleisen an und bügle das Papier. In der Hitze wird die Schrift braun und ich kann lesen, was Lena geschrieben hat.

Zum Beispiel hat sie mir gestern beim Abendessen einen leeren Bogen Papier gegeben, auf dem ich ein paar Minuten später in der Waschküche folgende Frage lese:

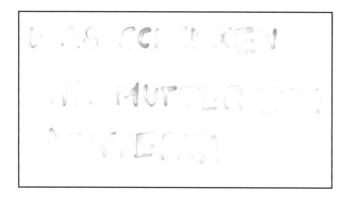

Heute zeigen wir das Papier Ludwig. Der will gleich wissen, wie wir das mit der Geheimschrift machen. Dann meint er, das sei ganz schön umständlich und er hätte eine andere Methode, die von einem berühmten Künstler und Wissenschaftler mit Namen Leonardo da Vinci erfunden wurde. Er nimmt ein zweites Blatt Papier, auf dem noch nichts steht, und einen Bleistift und verschwindet mit den Worten „Ich komme gleich wieder" im Badezimmer.

Nach ein paar Minuten kommt Ludwig zurück und gibt mir das Papier, auf dem jetzt mit Bleistift steht:

WAS SCHENKEN WIR MUTTER ZUM MUTTERTAG?

(in Spiegelschrift)

Spiegelschrift! – Ludwig sagt, dass Leonardo da Vinci in Spiegelschrift ganz rasch und sauber alles aufgeschrieben hat und dass man es in einem Spiegel ganz einfach lesen kann. Ich nehme Ludwigs Papier und halte es vor den Spiegel im Bad. Da lese ich dieselbe Frage, die vorher Lena mit Zitronensaft-Geheimschrift aufgeschrieben hat: Was schenken wir Mutter zum Muttertag?

„Ich wüsste da was", sagt Ludwig. „Wenn es euch nichts ausmacht, dass ich dieselbe Sache voriges Jahr meiner eigenen Mutter geschenkt habe."

Ludwig erklärt, was es ist und was wir alles besorgen müssen, und dabei fällt mir der alte vergoldete Bilderrahmen ein, den ich neulich bei dem Gerümpel auf dem Dachboden gesehen habe: Den können wir jetzt gut gebrauchen! So bereiten wir eine Überraschung für den Muttertag vor.

Am Sonntagmorgen ist es dann so weit. Im Bad, im Flur – überall haben wir Wegweiser angebracht, Kartonbögen mit großen Pfeilen und der Aufschrift: Versäumen Sie nicht das schönste Bild der Welt!

Im Wohnzimmer hängt es, genau in Augenhöhe, an der Wand. Darüber, mit dem Computer geschrieben und in riesengroßen Buchstaben gedruckt, die Überschrift: DAS SCHÖNSTE BILD DER WELT.

Der alte Rahmen leuchtet, wir haben ihn mit Goldspray neu vergoldet und vor das Bild haben wir einen Vorhang aus schwerem, dunkelblauem Stoff gezogen. Der Vorhang ist an einem dünnen Seil aufgehängt, er verdeckt das schönste Bild der Welt.

Mutter fragt als sie ins Wohnzimmer kommt: „Wo habt ihr denn diesen protzigen Bilderrahmen her?" Neugierig tritt sie heran und zieht den Vorhang beiseite. Dahinter ist ein Spiegel, in dem sie ihr eigenes Gesicht sieht. Sie lacht. Lena und ich finden, dass es wirklich ein sehr schönes Bild ist. Mutter sagt, dass es wirklich ein sehr schönes Geschenk sei.

Später treffe ich Ludwig und erzähle, dass unsere Überraschung gelungen ist. Nachmittags am Ufer des Flusses sehen wir das Wasser wie einen Spiegel, in dem sich am Rand die dunkle Linie des Ufers spiegelt und in der Mitte die weißen Wolken. Die Sonne steht uns gegenüber am Himmel und wirft eine Bahn über das Wasser genau auf mich zu. Ich kneife die Augen zusammen, das Licht blendet mich. Die Lichtstraße auf dem Wasser sticht mir in die Augen. Ludwig steht ein paar Schritte neben mir am Ufer. Er behauptet, dass die Sonnenbahn genau auf ihn zuläuft. Ich sehe aber doch, dass sie niemandem anderen in die Augen geht als mir. Trotzdem bin ich mir nicht sicher, ob wir nicht vielleicht beide Recht haben. Denn wenn ich am Ufer entlang gehe, wandert der Lichtstreifen mit mir mit. Wenn aber Ludwig auch Recht hat und es für ihn so aussieht wie für mich: Wie soll man das erklären?

Jedenfalls ist das Wasser wie ein Spiegel. Wenn es von den Wellen bewegt wird, die von einem vorbeifahrenden Schiff kommen, ist es wie ein Zerrspiegel, in dem Bruchstücke der Bäume und Häuser am Ufer hin und her schwappen. Wir sehen verzerrte Giebel und auseinander gezogene Bäume. Da kommt ein Wind auf, das Wasser kräuselt sich in vielen kleinen Wellen und der Himmel spiegelt sich darin wie in Splittern von einem Spiegel. Die Sonnenbahn wird von tausend kleinen Wellen zurück gespiegelt, glitzert und sticht mir in die Augen.

„Stell dir vor", sagt Ludwig, „die Sonnenbahn auf dem Wasser ist aus Papier zusammengefaltet wie ein Fächer. Der Griff des Fächers, die Stelle, an der das Papier zusammenläuft, ist die Sonnenkugel am Himmel. Dann kannst du den Fächer auffächern, und dabei siehst du: Das Licht ist überall, aber auf dem Fächer ist ein Bild." Manchmal spricht er in Rätseln und ich muss nachfragen: „Ludwig, was willst du jetzt damit sagen?"

– „Ich will damit sagen, dass alles, was wir sehen können, nur das Licht von der Sonne ist."

– „Wieso, ich sehe doch das Wasser und die Wellen darauf?"

– „Genau genommen siehst du aber nur das Sonnenlicht, wie es von dem Wasser und von den Wellen zurückgeworfen wird."

– „Und was ist mit den Bäumen und dem Gras hier am Ufer?"

– „Das ist genauso: Du siehst nur, wie sie das Licht von der Sonne zurückwerfen. Alles, was wir sehen, sind Lichtstrahlen, die in unsere Augen kommen."

– „Aber wenn gar keine Sonne scheint?"

– „Die Helligkeit kommt trotzdem von ihr, auch hinter den Wolken."

– „Und nachts?"

– „Da haben wir elektrisches Licht, Kerzenlicht oder Mondlicht. Mondlicht kommt auch von der Sonne und auf Umwegen auch das Kerzenlicht. Aber alles, was wir sehen, ist die Spiegelung von Licht an den Dingen."

Später gehen wir nach Hause. Es ist schon dämmerig und unter den Bäumen an der Straße ist es völlig dunkel. Ludwig sagt: „Ich stelle mir die ganze Welt wie einen Spiegel vor, der das Licht von der Sonne spiegelt. Alles, was glatt und hell ist, wirft das Licht voll zurück und glänzt. Alles, was rauh ist und dunkel oder farbig, wirft das Licht weniger und anders zurück. Und so entsteht das Bild der Welt in unserem Auge."

Unter einem großen Kastanienbaum leuchtet eine Straßenlaterne, ein paar große dicke Maikäfer brummen um die Lampe herum. Wir finden auf dem Bürgersteig drei Käfer, die auf dem Rücken liegen und mit den Beinen in der Luft zappeln. Ludwig sagt, er hat einen Schuhkarton, den er mir geben will. Da kann ich die Käfer hinein setzen und ihnen ein paar frische Kastanienblätter zum Fressen dazu legen. In seiner Wohnung zeigt mir Ludwig ein Buch mit Bildern aus der Malerei. Darin ist ein Bild, das genauso aussieht wie die Straßenlaterne mit dem Kastanienbaum, die wir gerade gesehen haben. Sogar die Dämmerung am Himmel hat der Maler ziemlich genauso gemalt, wie ich sie eben noch gesehen habe. Ob auf dem Bild Maikäfer um die Laterne fliegen, kann man nicht genau erkennen, dazu ist es zu klein und die Entfernung zu groß.

„Ein schönes Bild", finde ich. „Der Maler hat die Stimmung festgehalten. Die besten Maler malen die Dinge genau so, wie wir sie sehen."

„Die besten Maler nehmen das, was wir sehen können, auseinander und setzen es neu zusammen", antwortet Ludwig. „Schau dir zum Beispiel hier die Bilder von Miro an."

Er nimmt das Malerbuch und blättert darin herum. Dann zeigt er mir ein buntes Bild, auf dem schwarze Striche sind, wie Kreuzchen und Garderobenständer und gelbe Flecken und

große blaue Kreise. Was es sein soll, weiß ich nicht, aber es sieht irgendwie lustig aus.

Einer der Maikäfer versucht, in dem Karton zu fliegen. Ich höre das Brummen und nehme vorsichtig den Deckel vom Karton. Darin liegen kreuz und quer eine Handvoll Kastanienblätter und auf ihnen krabbeln drei glänzende braune Käfer herum. „Ein Kunstwerk!", sage ich, und verabschiede mich. „Natürlich", bestätigt Ludwig, „mach´s gut."

Zu Hause erzähle ich Lena von den beiden Bildern in Ludwigs Malerei-Buch und von dem Laternen-Bild. Ich beschreibe ihr das Bild mit den gelben Flecken und den blauen Kreisen und Ludwigs Erkenntnis, dass Maler die Wirklichkeit anders zusammensetzen, als wir sie sehen. Lena kennt den Namen des Malers. „Die Bilder von Miro", stellt sie fest, „sind wie Spiegel von Träumen." „Jetzt schau dir das an", sagt Ludwig, als ich ihn ein paar Tage später besuche. „Wenn ich diese Kerze zwischen zwei Spiegel stelle, gibt es so viele Spiegelbilder, dass sie aussehen wie eine endlose Linie."

Er lehnt zwei Spiegel an zwei Bücherstapel, die er links und rechts auf den Tisch gelegt hat, und stellt eine brennende Kerze dazwischen. In jedem der beiden Spiegel ist eine Kette von Kerzenflammen, die immer kleiner und undeutlicher werden, bis sie wir sie nicht mehr erkennen können. Ich drehe einen der beiden Spiegel so, dass die Flammenkette noch länger wird. Wenn ich den Spiegel nach vorne kippe, geht die Kette in einem Bogen nach oben wie ein Schwanz aus Kerzenflammen. Kippe ich den Spiegel nach hinten, geht die Kette nach unten. Den Spiegel nach rechts gedreht, geht die Kette nach links, den Spiegel nach links gedreht, geht die Kette nach rechts.

Eine völlig gerade Kette müsste ich hinkriegen, wenn die Spiegel einander genau gegenüberstehen und der eine das Spiegelbild von dem anderen sozusagen genau gerade spiegelt. Aber das kann ich nicht mehr sehen, weil ich ja schief von oben zwischen die Spiegel hineinschauen müsste.

„Es sei denn", schlägt Ludwig vor, „wir machen ein Loch in einen Spiegel, durch das du hindurchgucken kannst." „Wie willst du das denn schaffen, ohne den Spiegel zu zerbrechen?", frage ich. „Mit einem Messer", behauptet Ludwig. Er nimmt den einen Spiegel und zeigt mir die dunkle Rückseite. „Das ist die Schicht, mit der der Spiegel verspiegelt ist", erklärt er. Er nimmt ein Messer und kratzt mit der Stahlklinge ein Loch in die Farbschicht hinein, so groß wie ein Euro-Stück. Dort wird das Spiegelglas zu Fensterglas.

Wir stellen es so gegenüber dem anderen Spiegel auf, dass ich die Kerzenflamme in der Mitte sehe wie eine schnurstracks aufgereihte Kerzenkette, wenn ich von außen durch das Loch im Spiegel auf das Spiegelbild schaue. Es ist wie ein Licht, das ins Unendliche reicht.

Geheimschriften

Hier ein paar Tipps:

- Du hast mit Zitronensaft geschrieben, aber kein Bügeleisen? Lege das Blatt einfach auf den Toaster oder auf die Heizung.
- Eine ganz raffinierte Methode: Wickle einen Papierstreifen um die Kartonrolle aus der Mitte der Küchenkrepprolle und schreibe deine Botschaft Buchstaben für Buchstaben nebeneinander und die Zeilen untereinander. Auf dem abgewickelten Papierstreifen steht dann das, was du unten siehst. Das kann keiner lesen. Oder etwa doch?

  Der Trick ist, dass jemand, der eben solch eine Kartonrolle hat, die Botschaft lesen kann, indem er den Papierstreifen wieder aufwickelt und dann liest.

PROBIERE ES SELBST AUS!

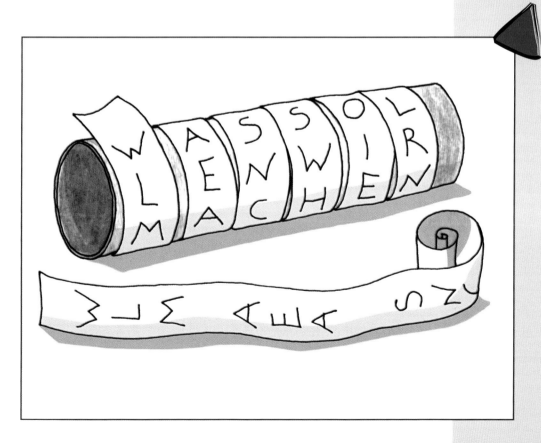

Villa Knusperhaus

3.3.333

Liebste Eltern! Macht euch keine Sorgen um uns, die wären wirklich unbegründet. Es wäre ganz falsch, wenn ihr denken würdet, gute Eltern, Hänsel und Gretel sind in der Gewalt der Hexe! Wir leben hier bei einer sehr netten alten Dame, die uns jeden Wunsch von den Augen abliest! Zuerst dachte Gretel ja, wir werden gefangengehalten und sollen geschlachtet werden! Geht denn so was zu fassen! Wir haben uns dusslig darüber gelacht! Es gibt hier viele Tiere, vor allem Vögel, die fliegen gewöhnlich bis zur großen Eiche und dann immer nach Norden, dort liegt nämlich ihr Futterplatz. Wir haben auch sehr schöne Puppen, mit denen wir spielen, und dazu viele Einrichtungen, so etwa auch ein Kuchenhaus mit einem Dach aus Schokolade und Marzipan. Einmal spielten wir Kasperltheater, da haben Löwen die Kaspers auf einen Baum gejagt, und da schrien sie: „Heda – ihr Förster! Hier sind wir! Kommt rasch und rettet uns!" Eure unglücklichen Dienstzeiten, ihr Waldwächter, sind unmöglich! Ihr müsstet auch mittags jagen anstatt Amtspausen zu halten und zu pennen! Eure Kinder Hänsel und Gretel bitten euch darum, nicht länger zu sorgen, teuerste Eltern! Und geht's vorzüglich. Gestern durfte Gretel ein Kleid der lieben alten Dame mit einem rosa Band umsäumen. Vielleicht – sie sprach schon davon – schlachtet morgen die liebe alte Dame ein Gänslein für uns oder sie spielt mit uns wieder Theater. Gestern schenkte sie sogar von ihren Marionetten Hänsel die Hexe. Es klingt unglaublich und ist doch die Wahrheit. „Dürfen wir dies denn auch annehmen?", fragten wir, doch die Gute nickte. Nun will sie mit uns spazieren gehen und ruft uns zu: „Eilt! Eilt! Es ist höchste Zeit! Wo bleibt ihr nur? Helft eurer alten Dame den Mantel anzuziehen!" So wollen wir jetzt schließen und bitten sehr: Seid sorglos und freut euch mit euren Kindern

Hänsel und Gretel

Wie verschlüsselten Hänsel und Gretel ihre Botschaft?
Tipp: Sieh dir den Text Zeile für Zeile an. Auch das Datum spielt eine wichtige Rolle bei der Entschlüsselung.

Was ins Unendliche reicht ...

Ludwigs Kerzenflamme zwischen zwei Spiegeln spiegelt sich solange immer weiter, dass sie ins Unendliche reicht.

Hier noch zwei ähnliche Szenen:

1. Der Maler Miro malt ein Bild, auf dem der Maler Miro ein Bild malt, auf dem der Maler Miro ein Bild malt, auf dem der Maler Miro... – und so weiter.

Zeichne eines der Bilder!

2. Ein Hase sitzt auf einer Wiese,
des Glaubens, niemand sähe diese.
Doch, im Besitze eines Zeißes,
betrachtet voll gehaltnen Fleißes
vom vis-à-vis gelegnen Berg
ein Mensch den kleinen Löffelzwerg.
Ihn aber blickt hinwiederum
ein Gott von fern an, mild und stumm.

Christian Morgenstern

INFO

Was ist ein Zeiß?
Zeiß ist ein altes Wort für „Fernglas".
Es ist der Nachname von Carl Zeiß.
Er lebte von 1846–1888 und gründete in Jena eine roße Firma, die u. a. Ferngläser und Mikroskope herstellt.

Was bedeutet vis-à-vis?
„Vis-à-vis" bedeutet „gegenüber", man spricht es „wisawi" aus.

Das Gedicht von Christian Morgenstern kannst du leicht weiterführen: Am Himmel steht der Abendstern, der Gott beobachtet, und die Sonne blickt hinüber zu dem Stern. Aber die Sonne wird selbst beobachtet von der Mitte der Galaxie oder Milchstraße und die Milchstraße wird von einer anderen, viel größeren Galaxie aus betrachtet. Und so weiter.

DENKE NACH!

Wer hat Recht?

Drei Freunde stehen am Meeresstrand und schauen der Sonne zu, die hinter der Linie verschwindet, an der Meer und Himmel aufeinandertreffen. Der erste denkt: „Die Sonnenstrahlen werfen eine Bahn aufs Wasser, und diese Bahn läuft ganz genau auf mich zu". Der zweite denkt dasselbe, und der dritte denkt auch dasselbe. Keiner sagt etwas, denn keiner will vor seinen Freunden als etwas Besonderes erscheinen. Aber jeder denkt: „Ich bin der Auserwählte."

Wer hat Recht?

PROBIERE
ES SELBST AUS!

Schaue dir einen Sonnenuntergang am Wasser oder einen Regenbogen an. Gehe dann 20 m nach links und anschließend nach rechts. Was stellst du fest?

Die gleiche Geschichte kannst du auch vom Regenbogen erzählen. Jeder der drei Beobachter glaubt, dass er ganz genau in der Mitte des Regenbogens steht.

Wie würde das Bild mit den drei Regenbögen aussehen? Zeichne es auf ein Blatt Papier.

DENKE NACH!

Wie kommt es, dass es drei Regenbögen gibt, und drei Sonnenbahnen? Stell dir vor, es sind 30 Freunde oder 300 – gäbe es dann 300 Regenbögen?

Die Antwort auf diese Frage lautet: Ja! Denn die Augen jedes Einzelnen von den 300 Leuten stellen die Mitte des Bildes her. Der Regenbogen ist an der selben Stelle, aber deine Augen rücken ihn so, dass du genau in der Mitte stehst. Beim Sonnenuntergang greifen deine Augen die Sonnenbahn auf, die auf dich hinläuft. Deine Augen gehören immer dazu.

Fragen zum Forschen

Stell dich vor einen Spiegel und schau dein Spiegelbild an. Wenn du dein Spiegelbild wärest, und würdest aus dem Spiegel herausblicken und dich selbst sehen:

• Was würdest du sehen?
• Wäre dein Bild genau dasselbe Bild, das du siehst, wenn du in den Spiegel schaust?
• Was wäre anders als beim Spiegelbild?

Ich sehe etwas, das du nicht siehst

Ein Falke hat viel bessere Augen als ein Mensch. Wenn er am Himmel fliegt, kann er die Mäuse und Käfer im Gras erkennen.

Endlich scheint mal wieder die Sonne. Ludwig und ich sind draußen auf der Straße. „Ich sehe etwas, das du nicht siehst, und das ist blau", sage ich zu Ludwig.

– „Das Auto?"

– „Nein, falsch, der Himmel."

– „Aber der BMW da ist auch blau."

– „Nur den hab´ ich nicht im Auge gehabt."

– „Also soll ich raten, was du gerade im Auge hast. Dann kannst du immer behaupten, du hast etwas anderes gesehen als ich, ganz egal, was ich sage. Das ist unfair und es ist langweilig!"

– „Und kannst du das Spiel etwa fairer und spannender machen?"

– „Wenn ich tatsächlich etwas sehe, dass du gar nicht sehen kannst. Zum Beispiel wenn oben zwischen den Dächern ein Luftschiff auftaucht, und du stehst unter einem Baum und kannst es nicht sehen, weil es der Baum verdeckt. Oder wenn über dir auf dem Balkon eine Frau gerade ihre Blumen gießt, und das Wasser fängt gerade an, dir genau auf den Kopf zu tropfen."

– „Oder ich sehe eine Münze, die genau vor deinen Füßen liegt. Oder hinter dir steht auf einmal ein Monster, das nach dir greift."

Als ich mit meinem Großvater einmal zum Pilzesuchen im Wald war, hat er manchmal von weitem Pilze gesehen, die für mich nicht zu sehen waren, einfach weil er größer ist als ich, und manchmal habe ich einen Pilz gefunden, den er nicht sehen konnte, weil zwischen ihm und mir ein kleiner Hügel war, der ihm die Sicht nahm. Das war wie ein Wettspiel zwischen uns und außerdem zwischen uns und den Pilzsammlern, die vor uns da waren. Die haben nämlich viele Pilze übersehen. Aber vielleicht liegt es daran, dass die Pilze vor ein paar Tagen noch viel kleiner waren als jetzt, wo sie gewachsen sind und uns ins Auge fallen, und dass wir auch wieder viele kleine Pilze übersehen.

Wenn Pilzsammler aus dem Wald kommen, vergleichen sie ihre Funde: Wer hat die meisten, wer hat die größten Pilze gefunden? Und das alles ist auch eine Spielart des Spiels „Ich sehe etwas, das du nicht siehst".

Ludwig und ich legen einen „Ich sehe etwas, das du nicht siehst"-Pfad an. Wir gehen in das Wäldchen beim Park und nehmen von zu Hause viele Gegenstände in einem Karton mit, die nicht in die Natur gehören: Schere, Kerze, Tennisball, Hammer, Zange, Tasse, Becher, Bilderbuch, Lineal, Bleistift, Schreibblock, Kachel, Kochlöffel, Handfeger, Honigglas, Löffel, Gabel und ein Fünfzig-Cent-Stück. Wir nehmen eine dreißig Meter lange weiße Schnur, ich binde sie in Augenhöhe an den Ast von einem Baum am Rande des Wäldchens. Dann gehen Ludwig und ich mit der Schnur in das Wäldchen hinein. Dabei wickelt Ludwig die Schnur ab und ich binde sie hier und da an einen Ast oder um einen Stamm herum. Das Ende der Schnur ist das Ende unseres Pfades. Dann kehren wir um und finden, dass wir einen leicht begehbaren Pfad gelegt haben.

Jetzt legen wir die Dinge aus dem Karton entlang dem Pfad in Sichtweite hin: Die Schere in eine Astgabel, die Kerze auf den Boden, den Tennisball an einen Baumstamm, den Hammer an einen Zweig, die Zange oben auf einen Ast, die Tasse auf einen Maulwurfshaufen, den Becher unter einen Busch, das Bilderbuch zwischen zwei Stämme, das Lineal an einen kurzen Ast, den Bleistift stecken wir in den Boden, den Schreibblock hängen wir über einen Zweig. Die Kachel wird an einen Stamm gelehnt, der Kochlöffel an einen Zweig gebunden, der Handfeger unter ein Bäumchen und das Honigglas in eine Astgabel gestellt, der Löffel zwischen mehrere Zweige gehängt, die Gabel in morsches Holz gesteckt und das Fünfzig-Cent-Stück legen wir einfach direkt auf den Boden des Pfades.

Wir haben den Plan, dass all die anderen morgen Mittag nach der Schule unseren Test-Pfad gehen und unseren Pfad-Test machen sollen. Aber jetzt wollen wir zuerst mit Lena ausprobieren, ob die Sache überhaupt funktioniert. Weil ich sie vorher schon gefragt habe, lässt sich Lena auf das Spiel ein. Ludwig erklärt ihr, dass wir auf einer dreißig Meter langen Strecke einige Dinge versteckt haben, die sie nennen muss. Sie darf sich Notizen machen und darf fünf Minuten lang suchen.

Sie berührt die Schnur am Anfang des Pfades und geht langsam mit ihrem Notizblock in das Wäldchen hinein. Am Ende der Schnur stehen wir und schauen auf die Uhr. Als Lena auftaucht, sind erst vier Minuten vergangen. Sie hat Schere, Tennisball, Hammer, Tasse, Bilderbuch, Lineal, Bleistift, Schreibblock, Handfeger, Kochlöffel und Gabel gefunden und notiert. 11 von

18 Gegenständen gefunden und 7 von 18 nicht gefunden.

„Wie wärs mit einem zweiten Durchgang?", fragt Ludwig und Lena begibt sich noch einmal auf den Pfad, um die Dinge zu finden, die sie übersehen hat.

„Ihr denkt wahrscheinlich, dass ich blind bin", sagt sie. „Aber ihr habt die Dinge ja selber versteckt und wisst nicht, wie schwer es ist, sie zu sehen, wenn man gar nicht weiß, wonach man Ausschau halten soll!"

Diesmal sieht sie mehr: Zange, Honigglas und Löffel. Aber Kerze, Becher, Kachel und Fünfzig-Cent-Münze hat sie wieder übersehen. Jetzt sind wir gespannt, ob irgendeiner aus der Klasse alle 18 Dinge finden wird.

Ludwig zeigt mir das Bild von einem Falken. Er sagt, dass so ein Vogel, wenn er oben am Himmel fliegt, die Mäuse und Käfer sieht, die im Gras umherlaufen: „Stell dir vor, du hättest so scharfe Augen wie ein Falke. Du würdest jeden einzelnen Grashalm am anderen Ufer des Teiches sehen. Du würdest die Ameisen sehen, die den Grashalm emporklettern. Wenn du ein Glas Wasser trinkst, würdest du die Bakterien sehen, die in dem Wasser sind."

– „Dann würde ich nichts trinken!"

– „Oder du würdest mir zeigen, was du siehst, und würdest sagen: Schau dir diese Massen an, das Wasser ist wieder voller Mikroben, hoffentlich sind es keine Colibakterien."

– „Und ich würde das Leben im Boden sehen. Ich würde eine Handvoll Erde nehmen. Für mich wäre sie eine Handvoll von tausenden kleiner Lebewesen, die da alle durcheinander wimmeln, ein einziger Lebenskloß."

– „Im September würdest du die Millionen und Abermillionen von winzigen Spinnenfäden sehen, die in der Luft treiben. Du würdest mit den Fingern darauf zeigen und sagen, dass zum Beispiel hier an dieser Stelle ein besonders dichter Teppich von Spinnenfäden in der Luft liegt."

– „Ich würde die Zugvögel sehen, die du nicht siehst, weil sie zu weit weg sind. Ich würde die kleinen Vögel sehen, die Schwalben, die Laubsänger, ihre riesigen Schwärme hoch oben am Himmel. Und die Kraniche und die Wildgänse. Ich würde sie ganz genau, jeden Einzelnen, sehen, wie in Großaufnahme, während du nur einen Keil von Pünktchen sehen kannst."

– „Und nachts würdest du Millionen und Abermillionen von Sternen sehen. Der ganze Himmel hätte für dich mehr helle Sterne als dunkle Zwischenräume zwischen den Sternen."

– „Aber wenn ich dir die Sterne und die Vogelschwärme und die Spinnenfäden und die Bodentiere und die Bakterien zeigen würde und du kannst sie nicht sehen, was nützt es dir?"

„Ich glaube, ich würde sagen, du spinnst", sagt Ludwig. „Genau", antworte ich, „wir würden beide sagen: Du bist verrückt."

Lena hat in einem Buch die Geschichte von den sechs Blinden und dem Elefanten gefunden. Sie liest vor:

„Sechs Blinde hören, dass der König das Nachbardorf besucht und auf einem Elefanten reitet. Ein Elefant, sagen sie, was ist das eigentlich? Jeder von ihnen geht ins Nachbardorf, um es herauszufinden. Der Erste greift nach dem Rüssel des Elefanten. Der Zweite kriegt einen Stoßzahn zu fassen. Der Dritte hält ein Ohr des Elefanten fest. Der Vierte tastet und umklammert ein Bein. Der Fünfte legt beide Hände auf den Bauch. Der Sechste fasst den Schwanz des Elefanten.

Als sie wieder zu Hause sind, beschreibt jeder, was er wahrgenommen hat: Der Elefant ist wunderbar weich und langsam, lang und stark wie eine Schlange, sagt der Erste. Aber nein, sagt der Zweite, der Elefant ist hart und spitz wie ein Knochen. Ihr wisst beide nicht, wovon ihr redet, sagt der Dritte: Der Elefant ist flach und breit wie ein Fächer. Er ist fest und rund wie ein Baumstamm, meint dagegen der Vierte. Er ist wie eine Wand, sagt der Fünfte. Nein, er ist wie ein Seil, sagt der Sechste."

„Zum Glück haben wir Augen", sage ich, „und können sehen, dass alle sechs ein Stück weit Recht haben, aber dass der Elefant in Wirklichkeit ganz anders ist, als es jeder von den Blinden wahrnimmt." „Aber wie willst du das einem Blinden erklären?", fragt Lena. „Wie willst du einem Blinden zum Beispiel auch bloß erklären, wie die Farbe Rot aussieht?"

„Und was wäre", entgegnet Ludwig, „wenn unsere Augen nur so weit reichen, dass wir von der Wirklichkeit immer nur so viel sehen können wie die Blinden von dem Elefanten?"

„Blödsinn", antworte ich, „ein Elefant ist ein Elefant und jeder, der Augen im Kopf hat, kann ihn auch sehen. Meine Augen berichten mir, wie die Wirklichkeit aussieht."

„Aber vielleicht erzählen dir deine Augen manchmal auch Lügen", sagt Ludwig. „Nimm zum Beispiel mal dieses Fernrohr…" – er rollt einen Bogen Papier zu einer Rolle, gibt sie mir in die rechte Hand und lässt mich hindurchschauen – „…und halte jetzt deine andere Hand daneben…" – er hält meine linke Handfläche neben die Papierrolle.

Ich schaue gleichzeitig mit dem rechten Auge durch die Rolle – Ludwigs Fernrohr – und mit dem linken Auge auf meine linke Hand, und plötzlich sehe ich in der Handfläche ein Loch so groß wie die Öffnung in der Rolle.

Schon immer habe ich mich gefragt, weshalb meine Lieblingsmusik ausgerechnet „Das Loch in der Banane" heißt: Kann es so etwas überhaupt geben? Aber jetzt, nach Ludwigs Loch in der Hand, ahne ich, dass es möglich ist. Und tatsächlich: Wenn ich eine Banane dahin halte, wo ich meine linke Hand gehalten habe, und sie mit dem linken Auge anschaue, und gleichzeitig mit dem rechten Auge durch die Papierrolle blicke, sehe ich das Loch in der Banane.

„Kennst du die Täuschung mit der Kerzenflamme?", fragt Ludwig. Er nimmt ein Lineal und setzt auf jedes Ende eine neue Kerze. Er nimmt die Glasscheibe, die er zum Naturdrucken benutzt, und hält sie genau in der Mitte zwischen die beiden Kerzen. Jetzt muss ich mich umdrehen. Ich höre, wie Ludwig mit einem Streichholz die Kerzen anzündet, und tatsächlich, als ich wieder gucken darf, sehe ich die brennende Kerzenflamme auf meiner Seite der Glasscheibe. Und durch die Glasscheibe hin-durch sehe ich die brennende Kerzenflamme auf der anderen Seite.

Aber von der Seite, von wo aus ich beide Kerzen zugleich im Blick habe, sehe ich: Nur eine brennt, die andere nicht.

„Die Augen lassen sich täuschen, wenn es jemand aufs Täuschen anlegt", stelle ich fest. „Aber sie lassen sich auch durch die Natur täuschen", behauptet Ludwig.

Am Abend ist der Mond riesengroß. Er hängt gerade über der Linie, an der Himmel und Erde zusammenstoßen. „Wie kommt es, dass er da so viel größer ist, als wenn er weiter oben am Himmel steht?"

„Das täuscht", antwortet Ludwig, „in Wirklichkeit ist er überhaupt nicht größer."

„Das habe ich auch nicht gesagt!", entgegne ich schnell. Ich weiß doch, wie genau Ludwig meine Äußerungen nimmt. Dann erkläre ich genauer, was ich meine. „Ich denke nur, vielleicht erscheint er uns größer, weil ihn die Luft über der Linie, an der Himmel und Erde zusammenstoßen, irgendwie vergrößert."

„Nein, nein, das täuscht", berichtigt mich Ludwig. „Schaue ihn dir einfach mal so an, wie ich es tue."

Er stellt sich breitbeinig mit dem Rücken zum Mond und steckt dann den Kopf zwischen die Beine. Als ich es nachmache, sehe ich die Welt auf den Kopf gestellt. Über dem Mond hängen die Bäume und Häuser wie ein breiter, schmaler Scherenschnitt. Und tatsächlich, der Mond ist überhaupt nicht mehr riesig, sondern ebenso klein, wie wenn er oben am Himmel steht.

Hören und Sehen

Fledermäuse „sehen" im Dunklen. Hast du schon einmal eine Fledermaus beobachtet? „Flattermaus" sollte sie heißen, so wie sie in der Dämmerung rasch am Himmel umher huscht, immer im Zickzack-Flug. Dabei schreit die Fledermaus unaufhörlich, und zwar in einem so hohen Ton, dass wir sie nicht hören können. Die Schallwellen ihres Geschreis werden von den Dingen zurückgeworfen. Dadurch entsteht ein Echo und Fledermäuse können es tatsächlich hören. Sie haben ein so feines und genaues Gehör, dass sie von dem Echo ein Abbild der Dinge in ihrer Umgebung bekommen. Sie hören genau, an welcher Stelle eine Mücke in der Luft ist, und huschen dorthin, um sie zu fressen.

Ist es nicht so, als ob die Fledermäuse mit ihren Ohren sehen können?

Fragen zum Forschen

- Wie wäre es, wenn du die Welt wie eine Fledermaus wahrnehmen würdest?
- Wie wäre es, wenn du die Welt wie ein Berg wahrnehmen würdest?
- Wie wäre es, wenn du die Welt wie ein daumengroßer Jungen wahrnehmen würdest, der auf dem Rücken einer Wildgans sitzt über sein eigenes Wohnhaus fliegt?
- Wie wäre es, wenn du die Welt wie ein winziges Kind wahrnehmen würdest, das auf einer Schneeflocke reitet, die vom Himmel fällt?

Stell dir vor, du fliegst im Hubschrauber über dein Wohnhaus. Was würdest du sehen? Zeichne ein Bild davon.

Bei einem Versuch hat man dünne Fäden kreuz und quer durch einen Raum gespannt und den Raum vollkommen abgedunkelt. Dann hat man Fledermäuse darin herumfliegen lassen. Sie sind in dem dunklen Raum umhergeflattert, ohne auch nur ein einziges Mal aus Versehen die dünnen Schnüre zu berühren!

Wenn Fledermäuse sprechen könnten, dann würden sie sagen: „Ich seh etwas, das du nicht siehst." Und damit hätten sie irgendwie Recht, auch wenn sie es mit den Ohren sehen und nicht mit den Augen.

Von oben sieht man mehr als von unten

Wie kommt das?

Stell dir vor, du bist in einem Hubschrauber und fliegst auf dein eigenes Wohnhaus zu. Das Dach hebt sich und die Zimmerdecken verschwinden, als ob jemand einen Deckel von einer Dose abhebt.

In dem Zimmer siehst du jemanden, den du kennst.

Wer ist es? Er hat nicht gemerkt, dass die Decke über ihm verschwunden ist.

- Kannst du sehen, was er macht?
- Kannst du sehen, was er tun will?
- Kannst du sehen, was er denkt?
- Kannst du sehen, was er fühlt?

- Ob es helfen würde, wenn man die Schädeldecke abheben würde wie ein Dach oder wie den Deckel von einer Dose?
- Ob man im Gehirn sehen kann, was jemand denkt?

160

Ein See als Spiegel

DENKE NACH!

Eine Redensart fordert:
„Sprich, damit ich dich
sehe!" Was soll das
heißen?

Dies ist der Blick vom Ufer des Agnes-Sees zum Sägezahn-
Berg.

1. Stell dir vor, du stehst auf
   dem Gipfel des Sägezahn-
   Berges und schaust hinunter
   zum Agnes-See. Was würdest
   du sehen? Zeichne ein Bild
   und lege es in das Buch
   hinein.
2. Stell dir vor, du fliegst mit
   einem Hubschrauber über
   den Berg und den See. Was
   würdest du sehen?
   Zeichne ein Bild und lege es
   in das Buch hinein.

Verborgene Farben

Ludwig hilft Lena und mir bei der Walnussernte. Eigentlich ist es noch zu früh, die Nüsse sind noch nicht ganz reif, aber wir dürfen schon ein Körbchen ernten. Die Nüsse sind dick und grün. Wir schütteln sie vom Baum, sie prasseln auf die gepflasterte Einfahrt.

Dann treten wir mit unseren Schuhsohlen auf die grüne Schale, die platzt ab und heraus kommt die Nuss mit der Holzschale voll Falten wie ein alter Mann. Die knacken wir mit dem Nussknacker und lassen uns die frische Walnuss schmecken. Sie sieht aus wie ein Gehirn. Die dünne Haut ziehen wir mit den Fingernägeln ab, sie schmeckt bitter, aber das innere Fleisch der Nüsse ist weiß und süß. Nach einer halben Stunde sind unsere Fingerspitzen braun und schwarz und die Farbe bleibt, da hilft auch die Schrubbbürste nichts mehr.

Mutter meint, es dauert sicher eine ganze Woche, bis wir wieder weiße Finger haben. Lena behauptet, die Farbe kommt von den grünen Schalen. Die würden eine starke und schöne Naturfarbe geben. Sie verspricht mir, damit meinen alten weißen Pullover zu färben, wenn Ludwig und ich eine Plastiktüte voll grüner Schalen sammeln: Die Schalen dürfen jedoch noch nicht braun sein, sagt sie. Sie hat ein Buch, in dem steht, wie dass mit dem Färben geht: „Kaltfärbung mit grünen Nußschalen".

Das Färben dauert zwei Tage. Zuerst schüttet Lena die Nussschalen in das Sieb in unserem Spaghettitopf und füllt den Topf bis zum Rand

162

mit Wasser. Die Schalen müssen einen ganzen Tag und eine ganze Nacht lang einweichen. Am Mittwochnachmittag, also 24 Stunden später, ist das Wasser zu einer dunkelgrünen Soße geworden. Lena behauptet, der richtige Name für die Soße ist „Flotte". Sie nimmt das Sieb mit den Schalen aus dem Topf und wäscht dann meinen Pullover unter dem Wasserhahn, bis er triefnass ist. Nun taucht sie ihn in die Flotte im Topf. Dann kommt der Deckel drauf und alles wird auf die Terrasse gestellt. Da muss er noch mal 24 Stunden stehen. Am Donnerstagnachmittag kommt die große Enthüllung des Werkes.

Ehrlich gesagt, ich habe den weißen Pullover nie gern angezogen. Er kratzt am Hals und außerdem sieht das Weiß langweilig aus. Aber jetzt bin ich doch gespannt, wie ihn die Nussschalen-Farbe verändert hat. Ludwig ist auch da. Lena hat ein altes Badetuch auf dem Boden der Terrasse ausgebreitet. Sie nimmt den Deckel vom Spaghettitopf und greift in die schwarzbraune Flotte hinein. Sie holt etwas hervor, das wie ein dunkelgrüner Lappen aussieht, drückt mit beiden Händen über dem Rasen eine Menge tintendunkles Wasser heraus und faltet den Lappen auseinander. Es ist mein Pullover, kaum wiederzuerkennen.

Aber wie er auf dem Badetuch ausgebreitet daliegt, passiert etwas Seltsames: Die dunkelgrüne Farbe verwandelt sich allmählich erst in Orange, dann in Rotbraun. Nach einer halben Stunde wasche ich meinen rotbraunen Pullover in kaltem, klaren Wasser aus und lege ihn auf ein Handtuch zum Trocknen. „Die Farbe sieht nicht schlecht aus", findet Ludwig.

„Das ist ja das Wunderbare an den Naturfarben", sagt Lena. „Es sind gemischte Farben, sie sind aus verschiedenen Farbschichten zusammengesetzt und deshalb schimmern sie irgendwie reich und tief."

Weiß Mutter eigentlich, dass wir ihren Spaghetti-Topf zum Färben benutzt haben? Die Walnußschalen haben auch das Topfinnere schwarzbraun gefärbt und das ist immerhin aus Edelstahl. Demnächst werden wir wohl dunkle Walnuss-Spaghetti essen müssen, eine neue Spezialität des Hauses!

Ludwig kennt auch einen Naturfarben-Trick, den er uns vorführt. In der Küche zeigt er uns einen Topf mit lila Suppe und lila Schnipseln darin. Das Zeug riecht abscheulich. Ludwig erklärt, das es sich um einen Kopf Rotkohl handelt. Den hat er klein geschnitten und mit Leitungswasser gekocht. Jetzt, wo die lila Kohlflüssigkeit kalt geworden ist, schüttet er sie durch ein Sieb in einen zweiten Topf und die Kohlschnipsel aus dem Sieb wirft er in den Abfall. Den Rotkohlsaft füllt er mit einem Trichter in eine Flasche.

„Das wär's", sagt Ludwig, nimmt die Flasche und geht voran in sein Zimmer. Dort steht auf dem Schreibtisch ein Gestell mit dünnen, langen Gläsern. „Fingergläser", erklärt er, „die gibt's für 20 Cent das Stück im Laborgeschäft." „Was du so alles hast! Aber wozu sollen die Fingergläser gut sein?", frage ich verwundert. „Zum Beispiel zum Betrachten von Farben", erklärt er mir, leicht überheblich.

Er nimmt ein Glas, füllt aus der Flasche vorsichtig etwas Rotkohlsaft hinein und steckt es dann in das Holzgestell. Lena und ich sehen, wie der Saft im Licht vor dem Fenster halbdurchsichtig und lila leuchtet.

„Jetzt kommt der Trick", ruft Ludwig und nimmt ein zweites Fingerglas und eine Packung Waschpulver, die neben einigem anderen Kram auf seinem Tisch steht. Er schüttet so viel Waschpulver in das Glas, dass der Boden einen halben Finger hoch bedeckt ist, füllt es mit Rotkohlsaft auf, hält den Daumen auf das Glas und schüttelt es wie wild auf und ab. Als er es in das Gestell steckt, ist es voll mit hellem Schaum. Unter dem Schaum ist eine grüne Flüssigkeit, die immer mehr wird, während der Schaum zurückgeht. Aus dem lila Saft ist tatsächlich eine kreidegrüne Soße geworden. Wir probieren es mit verschiedenen Seifen und Spülmitteln und es gibt verschiedene Grüntöne, z. B. Moosgrün und Gelbgrün. „Es sieht lecker aus", sage ich. Ludwig warnt mich aber: Die Mischungen sind giftig!

Dann mischen wir den lila Rotkohlsaft mit Apfelsaft, mit Essig und mit WC-Reiniger und erhalten verschiedene Rottöne. Lena gibt ihnen Namen: Karminrot, Himbeerrot und Blutrot. Sie meint, dass diese Farben nicht wie Naturfarben sind: „Sie sind nicht aus verschiedenen Farbtönen gemischt, sondern haben einen einzigen Farbton", erklärt sie.

Wir stellen das Gestell mit den Fingergläsern auf die Fensterbank. In dem Licht vor dem Fenster sehen wir die verschiedenen grünen und roten Farbtöne leuchten, die aus dem Lila geworden sind, und wir fragen: „Wie kommt das?" Ludwig weiß es auch nicht, aber er zeigt uns eine Liste, die er angelegt hat. Vorne steht

der Name der Sachen drauf, die er in den Rotkrautsaft hineingetan hat und dahinter steht die Farbe, die entsteht. Ludwig sagt, er habe herausgefunden, dass alles, was irgendwie sauer ist, eine rote Farbe ergibt, und alles, was irgendwie seifig ist, eine grüne Farbe ergibt: Je saurer, um so röter, je seifiger, um so grüner.

„Die schönste Verwandlung schafft immer noch die Natur", behauptet Lena. Sie hat viele bunte Herbstblätter gesammelt und auf einem großen Bogen Papier so aufgeklebt, dass eine Art Regenbogen aus Blättern entstanden ist: Oben ein Halbkreis aus lauter dunkelroten Blättern, darunter einer aus orangefarbenen und ganz unten ein gelber Kreisbogen.

„Das sind fast alles Ahornblätter", weiß Ludwig. „Die großen hier unten sind Bergahorn, und die kleineren dort Feldahorn." „Aber die waren doch im Sommer grün", frage ich. „Wieso werden die jetzt im Herbst so gelb und rot?" „Vielleicht war das Gelb und das Rot in den Blättern die ganze Zeit schon da", vermutet Ludwig. „Vielleicht war das Grün sozusagen stärker und darüber gelagert. Jetzt im Herbst zieht der Baum das Grün zurück und das Gelb und das Rot treten hervor."

Lena und ich sehen uns an und wissen mal wieder nicht, ob wir Ludwig glauben sollen. Er sieht uns unseren Zweifel an und sagt: „Doch, doch, das gibt es! Die Farben überlagern einander und treten einzeln hervor, wenn sie auseinander fließen."

Er nimmt eine Filtertüte aus der Kaffeemaschine und schneidet mit der Schere einen langen schmalen Streifen heraus. Dann nimmt er einen grünen Filzschreiber und drückt einen dicken Farbpunkt mitten auf den Streifen. Jetzt füllt er ein Wasserglas halbvoll mit Wasser und hängt den Streifen so über den Rand, dass er bis an die Stelle ins Wasser eintaucht, die gerade unter dem Farbpunkt liegt.

Wir sehen, wie das Wasser in dem Streifen Filterpapier emporsteigt und den Farbklecks erreicht. Dann steigt es noch weiter und nimmt Farbe mit sich nach oben. Als wir eine Stunde später wieder nachschauen, ist der Streifen bis obenhin nass, aber die Farbe hat sich im Wasser aufgelöst. Sie hat sich in verschiedenen Tönen nacheinander auf dem Papier wie in Stufen abgesetzt. „So ähnlich", behauptet Ludwig, „ist es auch mit den Herbstblättern. Die verschiedenen Farben kommen nacheinander heraus."

Als wir abends unserem Vater von Ludwigs Idee erzählen, meint er, diese Erklärung erinnert ihn an die Sache mit dem Buntsandstein. Als er noch klein war, hat er nie verstanden, weshalb der Sandstein „Buntsandstein" heißt. Denn der Sandstein, den er an den Häusern und Mauern sah, hatte stets eine bräunliche Farbe. „So ähnlich wie dein neuer Pullover", sagt Vater zu mir. Aber der Sandstein funktioniert wie das Filterpapier. Er nimmt Flüssigkeiten auf und er lagert die Farben in den Flüssigkeiten nacheinander ab. Das gibt manchmal schöne bunte Muster.

Vater zeigt mir ein Foto, welches er in einer Sandsteinhöhle aufgenommen hat: „Hier siehst du, weshalb es ‚Buntsandstein' heißt!"

Die vielen Farben eines Buntsandsteins

Die Farben des Chamäleons

Das Chamäleon ist eine seltsame Art von Eidechse mit merkwürdigen Glupschaugen und einem Ringelschwanz. Es ist ein Tier, das seine Hautfarbe je nach Umgebung verändern kann.

Das Chamäleon

Es gibt ca. 90 verschiedene Chamäleon-Arten. Sie leben in Afrika, Südeuropa und Südwestasien. Die klebrige Zunge wird zum Beutefang hervorgeschleudert. Der Farbwechsel dient zur Tarnung, zeigt aber auch Stimmungswechsel wie Angst und Hunger an.

Ein Chamäleon-Bild
mit Rotkraut-Farben

1. Male eine grüne Wildnis, die Blätter der Bäume und Sträucher haben verschiedene Grüntöne, dazwischen leuchten einige rote Blüten (z. B. Hibiskus). Übertrage die Umrisse des Chamäleons von dem Foto mithilfe eines Butterbrotpapiers auf eine Kaffeefiltertüte und schneide das Chamäleon aus.
2. Koche einen Rotkraut-Kopf. Nimm einen Teil der lila Brühe und mische sie in kleinen Gläsern (geeignet sind die Fingergläser aus der Geschichte) mit verschiedenen Seifen und Waschpulvern. Dabei entstehen verschiedene Grüntöne.
3. Mische den Rest der lila Brühe in anderen Gläsern mit verschiedenen Säuren wie z. B. Essig, Zitronensaft, Apfelsaft, WC-Reiniger. Dabei entstehen verschiedene Rot-Töne.

Materialien für das Chamäleon-Bild

- eine Filtertüte
- Butterbrotpapier
- Schere
- Papier
- grüne und rote Buntstifte
- einen großen Topf
- einen Rotkohl
- ein Messer
- Wasser
- sechs bis acht Fingergläser
- einen großen Topf
- Seife, Duschgel, Waschpulver
- Essig, Zitronensaft, Apfelsaft

VORSICHT!
Du darfst die Flüssigkeiten auf gar keinen Fall trinken, sie sind giftig!

4. Färbe das Kaffeefilter-Chamäleon mit verschiedenen Rotkraut-Farben und klebe es auf dein Bild von der grünen Wildnis mit den roten Blüten, so dass das Tier gut getarnt ist.

Die Suche nach dem perfekten Kreis

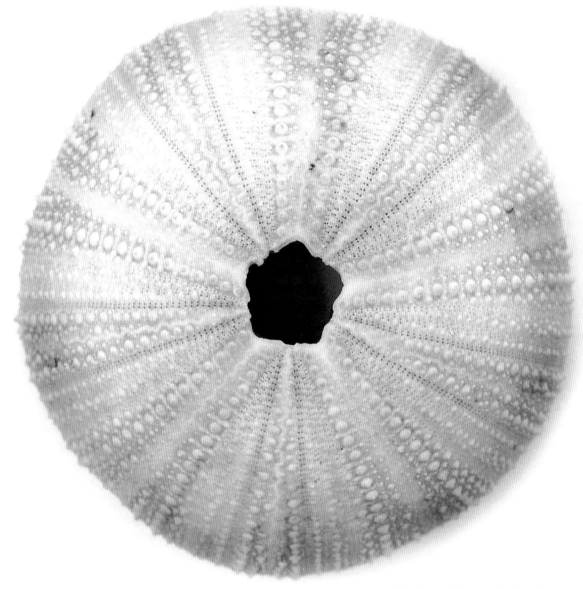

Ein Seeigel ist rund: Aber ist er auch ein perfekter Kreis?

Einmal haben wir Kreise gemalt, mit dem Bleistift um eine Tasse herum auf's Papier. Wo der Henkel sitzt, gibt es eine Schwachstelle. Wenn der Strich um den Tassenboden herumgelaufen ist, muss man aufpassen, dass er den Anfang trifft: Damit sich die Schlange in den Schwanz beißt. Ludwig nimmt eine ziemlich lange Schnur und bindet an das eine Ende ein Stück Kreide. Ich muss mich mit dem Fuß auf das andere Ende draufstellen. Dann zieht Ludwig die Kreide an dem gestreckten Faden über den Schulhof. Das gibt eine Spirale.

Wie sind wir bloß auf die Idee gekommen, Kreise zu suchen? „Aber nicht die von Menschen gemachten", sagt Ludwig, „wie Blechdosen, Fahrradreifen, Ohrringe, Fußbälle, sondern die naturgegebenen. Die Natur ist voll von Kreisen. Wenn wir lange genug suchen, finden wir vielleicht einen perfekten. Der wäre dann ein wahrer Schatz."

Wir fangen mit Äpfeln und Orangen an: Ganz glatt mit dem Küchenmesser durchgeschnitten, auf dem Stempelkissen eingefärbt und auf Papier abgedrückt.

Dann schauen wir uns die Kreisbilder genau an, und Ludwig sagt: „Aber perfekt sind sie nicht." Ich drucke eine Sonnenblume, Ludwig macht von einer Baumscheibe ein Rubbelbild.

Von einem Pilz schneiden wir den Hut ab und legen ihn über Nacht mit den Lamellen nach unten auf einen Bogen Papier. Millionen von winzigen Sporen – sozusagen die Samen des Pilzes – fallen heraus und geben am Morgen ein genaues Bild. Das besprühen wir mit Haarspray, damit es nicht verwischt.

Dann untersuchen wir Weintrauben. Und wir nehmen uns Seeigel-Gehäuse vor, die Ludwigs Onkel angeblich vom Indischen Ozean hat.

Aber die Seeigel sind bei näherer Betrachtung wie gut gepolsterte Fünfecke und die Weintrauben sind uneben – völlig ungeeignet zum Beispiel fürs Murmelspielen. Der Rand des Pilzes ist wie eine sanft geschwungene Welle, nicht wie ein exakter Kreis. Der Mittelpunkt der Baumscheibe sitzt nicht genau in der Mitte, und bei der Sonnenblume können wir nur mitleidig sagen: Nobody is perfect! Wo gibt es den perfekten Kreis?

Zufällig stoßen wir am Strand auf einen Büschel Strandhafer. Die Halme werden vom Wind bewegt und zeichnen feine Kreisspuren in den Sand, genaue Kurven, wie mit dem Zirkel gezogen, aber leider immer nur Abschnitte von Kreisen. So lange wir auch suchen, wir finden im feinen Sand keinen einzigen vollkommenen Kreis.

Einmal regnet es, wir sind gerade an einem Teich und beobachten, wie das Wasser viele Kreise schlägt: Jeder Regentropfen gibt einen Wellenkreis. Also eine Welle, die im Kreis davonläuft und viele Kreise aufwirft. Leider huschen diese Kreise schnell übereinander und durcheinander. Es ist unmöglich, einen davon festzuhalten. Und außerdem laufen sie ineinander. Das gibt ziemlich komplizierte Muster.

Ich habe folgende Idee: Wenn man ein sehr großes Wasserbecken hätte, mit einem Dach darüber und Wänden drum herum, damit kein Wind und kein Regen den Wasserspiegel bewegen könnte, und wenn dann ein einzelner Tropfen

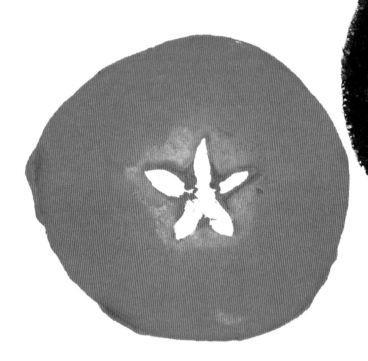

von oben von der Mitte des Daches in das Becken getropft werden würde – dann müssten die Wellen in Kreisen von dem Punkt aus, an dem der Wassertropfen auftrifft, nach außen auf die Wände zulaufen, immer weiter und größer. Dann hätten wir vielleicht für einen Moment einen perfekten Kreis, den wir fotografieren könnten. Die Linse des Fotoapparates müsste genau an der Stelle an der Decke sein, von wo der einzelne Wassertropfen herab tropft.

Aber Ludwig meint, dass Wellen wie ein Berg im Wasser sind. Sie werfen einen Hügel auf, der viel zu breit ist, um einen perfekten Kreis zu geben. Also suchen wir weiter.

Bei Sonnenschein sehen wir unter den Bäumen auf dem Schulweg helle runde Flecken, wie Schatten aus Licht: Sonnentaler. Morgens und nachmittags sind sie eher oval, aber mittags sind sie ziemlich rund. Ludwig behauptet, dass die Sonnentaler kleine Bilder von der Sonnenscheibe wären. Er zeigt die Lücken zwischen den Blättern und die Lichtflecken auf dem Boden und erklärt: Je weiter oben die Lücke im Blätterdach, um so runder das Bild von der Sonnenscheibe. Er nimmt eine Pappscheibe und hält sie schräg in die Lichtbahn eines Sonnentalers. Er dreht die Pappe so lange, bis der Taler darauf vollkommen rund leuchtet. Der Taler ist hell und rund, aber es gibt keinen perfekten Kreis, denn das Licht am Rand bleibt verschwommen.

Die Regenbogen zeigen keine deutlichen Linien, sie sind wie mit einer ziemlich leeren Spraydose gesprüht. Außerdem schlagen sie keine ganzen Kreise, höchstens Halbkreise. Ludwig sagt, der Halbkreis könnte zum geschlossenen Kreis werden, wo der Himmel weit genug nach unten reicht. Zum Beispiel, wenn du an einer steilen Klippe am Abgrund stehst, oder wenn du in einem Flugzeug sitzt. Natürlich ist die Bedingung, dass die Sonne hinter dir am Himmel ist und dass dort, wo du hinschaust, gerade der Regen fällt. Dann könnte es sein, dass du einen ganzen geschlossenen Regenbogen-Kreis vor dir hast.

Wir fangen an, Regenbögen genau zu betrachten. Vielleicht geben sie uns wenigstens den Ausschnitt von einem perfekten Kreis. Wenn bei Sonnenschein Regen fällt, machen wir uns draußen auf die Suche. Wir sehen riesige Kreisausschnitte, manchmal zwei gleichzeitig, über dem einen noch einen zweiten, schwächeren. Wir sehen bunte Farben, rot und orange und gelb und grün und blau, aber die Farben verschmelzen miteinander, und alle Bögen schimmern durchsichtig wie schöne Gespenster.

Wir finden auch hier keinen perfekten Kreis. Ludwig zeigt, wie jeder von uns beiden ganz genau in der Mitte eines Regenbogens steht. Wenn ich schnell an eine andere Stelle renne, bin ich dort schon wieder genau in der Mitte meines Regenbogens. Es ist unmöglich, aus dem Mittelpunkt herauszukommen. Es ist unmöglich, jemals an eines der beiden Enden des Bogens zu kommen, dorthin, wo er die Erde berührt. Und Ludwig kann, ganz genauso wie ich, nicht aus der Mitte

seines Regenbogens herauskommen. Sein Regenbogen ist ein anderer als meiner. Jeder von uns hat seinen eigenen Regenbogen. Es gibt zwei Regenbögen und jeder von beiden ist nur für den da, der ihn gerade sieht!

Was wäre, wenn ich im Flugzeug sitze, hinter mir die Sonne, vor mir eine Regenwand, und ich sehe einen perfekten Kreis: Wie könnte ich das beweisen, wenn es doch nur mein eigener Regenbogen-Kreis wäre?

„Du könntest davon ein Foto machen", schlägt Ludwig vor, „oder wenigstens eine Zeichnung".

Direkt in die Sonne zu schauen, ist anstrengend, sogar mit Sonnenbrille. Man kann sogar blind davon werden. Selbst abends bei Sonnenuntergang, wenn die Sonnenkugel rot und riesig über dem Rand der Erde schwebt, sticht das Licht noch grell in die Augen. Aber eine schwarze oder dunkelblaue Schüssel, bis zum Rand mit Wasser gefüllt und ganz ruhig draußen aufgestellt: Kein Wackeln, kein Wind, kein Regen, keine Wellen. Die Wasseroberfläche in so einer Schüssel ist ein Spiegel, in dem wir die Sonne ausgiebig betrachten können. Da sehen wir das rundeste Ding weit und breit, eine perfekte Kugel, eine perfekte Scheibe, einen perfekten Kreis!

„Das täuscht", meint Ludwig, „weil es so klein ist. In Wirklichkeit ist der Rand der Sonnenkugel ziemlich zerzaust und ausgefranst von Feuerstürmen und Ausbrüchen. Die ganze Sonne ist sozusagen eine andauernde Gasexplosion. Mit einem Teleskop, das vorher an den richtigen

171

Stellen schwarz gemacht worden ist, könnten wir selber sehen, wie wechselhaft der Sonnenrand ist. Jedenfalls gibt es davon Fotos."

Natürlich ist es mit dem Vollmond ähnlich wie mit der Sonne. Er sieht vollkommen rund aus, wie eine Münze am Himmel. Manche sagen, dass sie auf der Mondscheibe einen Mann sehen oder einen Hasen.

Wenn du aber hinfliegst und dir den Mond aus der Nähe anschaust, siehst du Berge und Felsen und Krater und Gräben und Staub und Steine. Der runde Kreis des Mondes ist aus der Ferne glatt, aber nahebei ist er gezackt wie eine felsige Wüstenlandschaft auf der Erde. Und umgekehrt: Vom Mond aus gesehen, ist die Erde blau, wie eine glatt polierte Kugel, perfekt rund. Aber wir wissen doch, dass die Erdkugel nicht glatt ist, sondern voller Berge und Hügel, Häuser und Bäume. Nicht einmal das Meer ist vollkommen eben, denn es ist voller Wellen.

Ich will die Suche nicht aufgeben: Es muss doch eine Kugel mit vollkommen glatter Oberfläche geben! Eines Morgens laufe ich in der Frühe barfuß durchs Gras. Es ist naß von Tausenden Tautropfen, die im Sonnenschein glänzen und mir die Füße waschen. Jeder einzelne Tropfen ist rund wie eine perfekte kleine Glaskugel. Ich hole eine Lupe und betrachte einen Tropfen genau. Auf der glatten runden Haut gibt es keine Berge und keine Täler. Der Tropfen erscheint als perfekte Kugel. Aber Ludwig zeigt mit dem Finger auf einen großen, dicken Tautropfen, der auf dem Blatt einer Pflanze namens Frauenman-

tel liegt und ein wenig plattgedrückt aussieht. Und einen anderen, der von einem Grashalm herabhängt und ein bisschen in die Länge gezogen ist, eben wie man sich einen Tropfen vorstellt. Ob nur die größeren Tropfen von ihrem eigenen Gewicht so verformt werden? Oder ob es auch auf die kleinen wirkt? Ein winzig kleines bisschen vielleicht, musste ich zugeben. Leider also nicht ganz perfekt!

Ein Tropfen, der an einem Wasserhahn hängt – ob er in dem Augenblick, in dem er herabtropft und durch die Luft fällt, vollkommen rund ist?

Etwas Rundes, das schweben kann und eine glatte Oberfläche hat – das kenne ich: Seifenblasen! Bald finde ich das altbekannte Döschen mit dem Seifenwasser und der gelben Plastikschlinge wieder. Der Kinderkram, mit dem ich mich früher einmal abgegeben hatte – bei der Suche nach dem perfekten Kreis fallen mir die alten Sachen jetzt wieder in die Hände. Ich tauche die Schlinge ein und puste gegen die gespannte Seifenhaut: Fünf kleine Seifenblasen segeln durch das Zimmer und zerplatzen mit einem Knall, der so leise ist, dass ich ihn nur höre, wenn ich genau aufpasse. Viel zu sehen ist nicht, aber Ludwig hat die Idee mit der großen Drahtschlinge. Er nimmt ein Stück Blumendraht und macht daraus eine Schlinge, die fast so groß wie ein Teller ist. Er schüttet die Seifenlauge in einen Teller und taucht die Drahtschlinge hinein. Er hebt die Schlinge mit der Seifenhaut empor und führt sie rasch durch die Luft. Es gibt eine lange Seifenblasenwurst. Die Wurst reißt ab und wird zu einer Seifenblase, groß wie ein Kürbis. Die Seifenblase eiert und schwabbelt ein bisschen, aber dann schwebt sie vollkommen rund in der Luft. Sie schimmert blau und gelb. Ludwig sagt, dass die Haut der Seifenblase die dünnste Haut ist, die er sich vorstellen kann: Sie ist nur so dick wie ein einziges Molekül und ein Molekül ist das kleinste Teilchen von der ganzen Wirklichkeit.

Ich sage, dass wir uns beglückwünschen könnten, weil wir bei unserer Suche nach dem perfekten Kreis jetzt ans Ziel gekommen sind. Eine Seifenblase ist vollkommen rund in dem Augenblick, in dem sie frei in der Luft schwebt.

Ludwig meint, er wünschte, es wäre so, und dass eine Seifenblase tatsächlich dem Ideal sehr nahekommt, aber eben doch nicht total vollkommen. „Siehst du die blauen und gelben Streifen auf der Seifenblase. Und siehst du, wie sie sich bewegen?" Die Haut der Seifenblase schillert, bunte Schlieren laufen über ihre Oberfläche, blaue Flecken entstehen, mit kleinen gelben Pünktchen, die sich rasch zu Inseln ausdehnen. Dauernd sind die Farben in Bewegung.

„Die Farben kommen vom Licht", erklärt Ludwig, „und sie kommen von Unterschieden in der Seifenhaut. Die Haut ist dünn, aber sie ist nicht gleichmäßig. Seifenblasen sind also nur fast perfekte Kugeln."

Es sieht so aus, als ob wir in der naturgegebenen Welt nirgendwo einen vollkommen perfekten Kreis finden würden. Aber vielleicht finden wir unter den Dingen, die von Menschen und Maschinen gemacht sind, doch einen? Ich hole den Zirkel und zeichne mit dem frisch gespitzten Bleistift einen feinen Kreis auf weißem Papier. Ich hole eine Murmel und die polierte Stahlkugel aus einem Kugellager – Präzisionsschliff, ein Geschenk meines Onkels. Ludwig holt ein Vergrößerungsglas und gibt es mir in die Hand.

Ich komme mir vor wie Sherlock Holmes, als ich die Dinge durch die Lupe betrachte. Der feine, mit dem Zirkel gezogene Bleistiftkreis sieht aus wie eine ziemlich breite, ausgefranste Spur auf einer ziemlich holprigen Straße. Die Oberfläche der Murmel ähnelt der Oberfläche des Mondes und die Edelstahlkugel aus dem Kugellager ist von erschreckend vielen, ziemlich tiefen, Kratzern überzogen.

Wir nehmen Christbaumkugeln, Münzen, Pingpongbälle, Räder von der Elektroeisenbahn, Blumenvasen und Knöpfe unter die Lupe, aber nichts ist perfekt.

Zum Spaß halte ich die Lupe vor Ludwigs Auge. Seine Pupille ist rund, aber auch nicht perfekt. „Es gibt keinen perfekten Kreis", sagt Ludwig, „aber wir sehen trotzdem einen." „Wir sehen keinen", entgegne ich, „aber wir können uns vorstellen, wie einer aussieht." „Wir sehen überall welche", antwortet Ludwig, „auch wo gar keine sind."

Vielleicht ist der perfekte Kreis nur eine Idee? Vielleicht ist es eine Idee, die wir im Auge haben, die es aber nur in unserem Auge gibt. Die wir aber überall sehen. Denn in all den Seifenblasen, Monden, Sonnentalern, Regenbögen, sogar in den Äpfeln und Orangen finden wir Kreise. Sie sind also doch da, nur perfekt sind sie nicht.

Überall gibt es Kreise. Nirgends aber gibt es einen vollkommenen Kreis.

Auf der Suche nach der perfekten Form

Mach dich auf die Suche: Vielleicht findest du einen perfekten Kreis, auf den andere, auch Ludwig, noch nicht gekommen sind?
Es stimmt doch: Nirgendwo ist ein vollkommener Kreis, oder?
Und wenn das auf Kreise zutrifft:

Gilt es dann nicht genauso für Kugeln?

Oder für Rechtecke?

Für Quadrate?

Vielleicht für Würfel?

Auch nicht für Dreiecke?

Etwa für Zylinder?

Auf der Suche nach dem perfekten Kreis

- Untersuche den Rand einer Münze mit der Lupe.
- Suche nach perfekten Kreisen in deiner Umwelt.

174

Ein Seifenblasen-Rezept

Mische zwei oder drei Esslöffel Reinigungs- oder Waschmittel mit ungefähr vier Litern Wasser und einem Esslöffel Glycerin (bekommst du in der Apotheke).

Viele Seifenblasen in einer großen Seifenblase

1. Biegt aus dem Draht einen großen und einen kleinen Ring, jeweils mit einem Griff. Umwickelt den Draht mit Wolle, dann gehen die Seifenblasen nicht so schnell kaputt.
2. Taucht beide Ringe in die Seifenlauge.
3. Einer von euch bläst aus dem großen Ring eine große Seifenblase und lässt sie am Ring hängen.
4. Der andere berührt mit dem kleinen Ring die große Seifenblase und bläst durch den kleinen Ring kleine Seifenblasen in das Innere der großen Seifenblase.
5. Probiert aus, wie sich die Blasen verändern, wenn ihr sanfter oder stärker pustet.

Material für Seifenblasen
- biegsamen Gartendraht
- Seifenlauge
- Wolle

Das Juwel in der Mumie

Ludwig hat wieder etwas ausgeheckt. Er lädt Lena und mich zu sich nach Hause ein. Dort, sagt er, wird er unsere Intelligenz testen. Auf seinem Tisch liegt ein länglicher Gegenstand. Wir können nicht genau sehen, was es ist, weil Ludwig das Ding mit einer Tischdecke abgedeckt hat.

„Und das ist jetzt der Intelligenztest?", vermutet Lena, „ich soll rauskriegen, was unter der Decke liegt?" „Aber nicht doch", antwortet Ludwig. „Ein bisschen mehr anstrengen wirst du dich schon müssen. Es handelt sich hier", sagt er mit leiser Stimme, als ob er uns ein Geheimnis verraten wollte, „um eine sehr alte Mumie, die kürzlich in einem der Königsgräber in der Wüste in Ägypten entdeckt worden ist."

Er hebt das Tischtuch und tatsächlich – da ist eine mit weißen Mullbinden umwickelte kleine Figur, ungefähr so groß wie eine Katze. „Tatata-taa!", ruft Ludwig, „meine Damen und Herren! Hier sehen Sie die berühmte Mumie mit dem Juwel vom Nil!"

Ich sehe sofort, dass dieses Ding aus Ludwigs eigener Werkstatt stammt. Es ist eine von den Zwei-Liter-Colaflaschen aus Plastik, das erkenne ich an dem mittleren Stück, das nicht umwickelt ist. Oben am Flaschenhals hat Ludwig eine Art Kopf angebracht und mit Mull umwickelt und

am unteren Ende sind so etwas wie Füße. In der Mitte, wo der Bauchnabel sein müsste, ist ein kleines Loch im Plastikkörper der Mumie.

Ludwig erklärt, dass die Wissenschaft hier vor einem großen Problem stehe. „Die Mumie ist nämlich sehr wertvoll und darf auf gar keinen Fall zerstört werden. Andererseits befindet sich in ihrem Inneren der berühmte Diamant mit dem Namen ‚Juwel vom Nil'." Wir starren ihn fasziniert an. „Das Problem lautet folgendermaßen: Wie kann das Juwel vom Nil herausgeholt werden, ohne dass an der Mumie etwas kaputt geht? Und das", sagt Ludwig mit übertrieben lauter Stimme, „ist euer Intelligenztest!"

Lena und ich beugen uns über die Mumie. Wir leuchten mit der Schreibtischlampe durch die Plastikhaut des Bauches in ihr Inneres. Tatsächlich, da liegt eine Glasperle auf dem Boden im Innern der Mumie. „Und diese kleine Perle soll das berühmte Juwel vom Nil sein?", frage ich. „Das durch seine magischen Kräfte der begehrteste Edelstein der Welt ist!", antwortet Ludwig. „Nehmen wir´s sportlich", meint Lena, „wir werden das Ding schon rauskriegen."

Ich habe die Idee, dass es mit Blumendraht gehen müsste und Lena will es mit einem Trinkhalm versuchen.

Ich drehe das Ende des Drahtes zu einer kleinen Schlinge und knicke die Schlinge so ab, dass sie aussieht wie ein Schäufelchen. Damit werde ich das Juwel aufnehmen und es vorsichtig durch den Bauchnabel herausholen.

Lena will das Juwel mit dem Trinkhalm ansaugen und dann einfach emporheben. Aber das Juwel hat lauter Kanten und fällt immer wieder von ihrem Trinkhalm ab. Und mir geht es mit meiner Schlinge auch nicht viel besser. Immer, wenn ich das Juwel endlich aufgegabelt habe und es durch die Öffnung herausheben will, stoße ich an den inneren Rand des Loches und das Juwel fällt wieder in die Mumie hinab.

Ludwig freut sich. „Ein schwieriger Intelligenztest!", stellt er fest. „Lasst euch nur Zeit mit der Lösung." Ich bin sicher, dass Lena und ich das Problem lösen werden. Wenn ich doch nur wüsste, wie!

Während wir grübeln und herumprobieren, kommen Lena und mir lauter interessante Gedanken und Ideen für neue Erfindungen:

– „Man müsste eine Maschine erfinden, die hat einen Rüssel wie ein Elefant, mit einem Greiffinger an der Spitze."
– „Es ist bestimmt leichter einen Elefanten zu wiegen als das Juwel aus der Mumie herauszuoperieren!"
– „Wie wär's, wenn wir die Mumie mit Wasser füllen und dann mit dem Wasserschlauch das Wasser so lange aufwirbeln, bis das Juwel aus der Öffnung herausgetrieben wird?"
– „Wollen wir nicht lieber eine verbesserte Mausefalle erfinden?"
– „Oder ein hundesicheres Briefträgerfahrrad?"
– „Oder eine Vorrichtung, die Hunde und Katzen davon abhält, miteinander zu kämpfen?"
– „Oder eine Vorrichtung, die Mädchen und Jungen davon abhält, miteinander zu streiten?"

Ludwig schaut uns schmunzelnd zu und fragt dann: „Ob man so eine Vorrichtung wohl erfinden kann?"

Wie in der Medizin

Bei den Ärzten sind es die Chirurgen, die manchmal vor einer sehr ähnlichen Aufgabe stehen wie in Ludwigs Intelligenztest: Wie kann ein bösartiges Geschwulst aus dem Innern eines Patienten so herausgeholt werden, dass möglichst wenig vom Organismus beschädigt wird?
Dann erfinden auch sie neue Instrumente.

PROBIERE ES SELBST AUS!

Kannst du mir helfen, die verschiedenen Techniken auszuprobieren?

Das Juwel vom Nil in der Mumie

Es gibt verschiedene Techniken, um das Juwel vom Nil aus der kostbaren Mumie zu entfernen.
Ich grüble: Wie bekomme ich das Juwel aus der Mumie?

- Wie wäre es mit einer Kombination von Trinkhalm und Drahtschlinge?

- Soll ich es mit Klebstoff versuchen?

- Oder mit einem Doppelklebeband?

- Oder baue ich eine Zange aus zwei Drahtschlingen?

- Ob zwei Drahtschlingen im Trinkhalm die Lösung bringen?

Mumien bauen

Lena findet es besonders interessant, verschiedene Mumien zu bauen.

Sie baut eine Mumie mit einem Fuß aus festem Karton: Die kann aufrecht stehen, ohne umzufallen. Dann bestreicht sie die Mumie mit Gips. Der Gips trocknet und macht die Mumie hart und weiß (Bild 1). Für den Kopf nimmt sie ein Wollknäuel und umwickelt alles dick mit Mullbinden: Ihre Mumie sieht aus wie ein Wickelkind (Bild 2).

„Schaut mal", sagt Ludwig und zeigt auf ein Bild in einem Buch, „eine Katzenmumie." „Die muss ich auch bauen", ruft Lena begeistert. „Den Kopf mache ich aus selbstgemachtem Pappmaché (Bild 3). Dazu nehme ich Zeitungsschnipsel mit Wasser und Tapetenkleister."

„Übrigens hat man in Ägypten auch massenhaft Vogelmumien gefunden", weiß Ludwig.

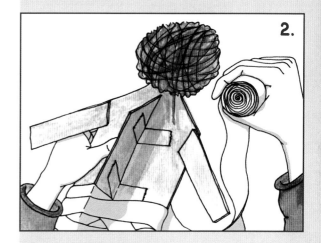

 Vielleicht fällt dir noch eine andere Variante ein. Experimentiere mit verschiedenen Stoffen.

PROBIERE ES SELBST AUS!

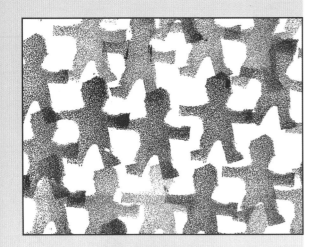

Was ist Intelligenz?

Ich sage zu Lena: „Lass uns den Spieß umdrehen und eine Intelligenz-Aufgabe für Ludwig aushecken." Lena fragt zurück: „Was ist eigentlich Intelligenz?" „Wenn du Probleme lösen kannst", antworte ich.

„Das kann's nicht sein", meint Ludwig. Er zeigt ein Bild mit lauter Stempelmännchen, die er selbst dort aufgestempelt hat. „Wie viele Männchen sind auf diesem Männchen-Auflauf?", fragt er. „Du könntest jeden einzelnen zählen und würdest dann die Frage beantworten. Aber ist das intelligent? Hier sind noch ein paar solcher Fragen, die man durch Zählen beantworten könnte, obwohl es Tage und Wochen dauert:
- Wie viele Grashalme sind auf der Wiese?
- Wie viele Sterne sind am Himmel zu sehen?
- Wie viele Gnus und Zebras kann man vom Flugzeug aus in der Serengeti-Steppe sehen?"

„Lass uns bei dem Männchen-Auflauf bleiben", schlage ich vor. „Also, was wäre denn dabei eine intelligente Lösung?" „Ein Gitternetz", antwortet Ludwig. „Wenn du ein Netz von hundert gleichmäßigen Feldern über das gesamte Bild legst, dann suchst zu zehn Felder aus, in denen du die Männchen tatsächlich zählst. Und dann brauchst du die Zahl nur noch mit zehn malzunehmen, also einfach eine Null dranzuhängen."

„Sehr intelligent!", sage ich, „also suche ich die Felder aus, bei denen ich am wenigsten zu zählen habe." „Das wäre aber nicht intelligent", meint Ludwig. „Welche soll ich dann auswählen?", frage ich. „Jetzt sehe ich endlich, was das mit Intelligenz zu tun hat", sagt Lena.

Eine Stempel-Denkaufgabe:

Ludwig soll eine Million Menschen auf ein großes Bild stempeln. Er braucht pro gestempelten Menschen zwei Sekunden.

Wie lange muss Ludwig stempeln, bis er sein Bild fertig hat?

Gibt es vielleicht auch hier eine intelligente Lösung?

180

Baue einen Moosgummi-Stempel

So wird's gemacht:

1. Male mit einem Bleistift ein Männchen auf eine Moosgummi-Platte, z.B. ein Vogel für Vogelschwärme, ein Fisch für Fischzüge, ein Baum für einen Wald, ein Ziegelstein für eine Mauer, ein Grasbüschel für eine Wiese, ein Mensch für eine Versammlung.

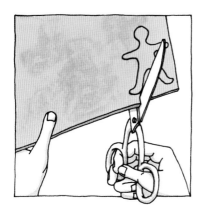

2. Schneide deine Figur aus dem Moosgummi aus.

3. Klebe die Figur auf das Holzklötzchen. Wenn der Klebstoff getrocknet ist, kannst du eine Versammlung stempeln.

Materialien für den Moosgummi-Stempel

- Moosgummi
- eine Schere
- Klebstoff
- ein Holzklötzchen
- ein Stempelkissen
- einen Bleistift

Die Geschichte vom Golem

In der Stadt Prag lebte vor 400 Jahren ein Rabbi mit Namen Löw, der war ein Genie. Er holte vom Flussufer Lehm, bis er auf dem Boden der Synagoge einen Haufen zusammengetragen hatte, der so groß war, dass er daraus einen riesigen Menschen bauen konnte. Als er den Riesen fertig gebaut hatte, öffnete er ihm den Lehm-Mund und legte einen Zettel hinein, auf dem ein geheimes Wort stand. Da begann der Lehm-Riese zu leben.

Der Rabbi nannte ihn „Golem" und schickte ihn los, um Besorgungen zu erledigen. Der Golem war stark wie zehn Pferde, und immer, wenn die Mächtigen den Schwachen etwas wegnehmen wollten oder sie quälen wollten, schickte ihn der Rabbi ihnen zu Hilfe. Wenn der Golem auftauchte, rannten die Bösen weg. Aber auf einmal drehte der Golem durch und schlug die ganze Stadt kurz und klein. Der Rabbi musste ihn mit einem Zauberspruch still stellen. Als er ihm den Zettel mit dem geheimen Wort aus dem Mund nahm, zerfiel der Golem wieder zu einem Haufen Lehm.

Mein Vater hat mir die Geschichte erzählt und ich habe sie Ludwig weitererzählt. Auch Ludwig weiß nicht genau, was „Rabbi" und „Synagoge" bedeutet, deshalb schlagen wir im Wörterbuch nach. Aber Ludwig hat natürlich trotzdem etwas dazu zu sagen:
– „Also, der Zettel mit dem Wort war die Software, der Lehm war die Hardware und der Golem war ein Automat oder ein Roboter."

Mir kommt es so vor, als ob für Ludwig an der Geschichte vom Golem überhaupt nichts Rätselhaftes ist. Aber ich finde die Idee von einem künstlichen Menschen sehr merkwürdig und versuche mir vorzustellen, wie er wohl ausgesehen hat, der Golem. In der Schule ist eine Werkstatt und dort in einer Kiste ist Ton zum Töpfern. Der Ton ist rot und schwer, er klebt und schmiert. Ich wickle einen Klumpen in ein Taschentuch und nehme ihn mit nach Hause. In meinem Zimmer hole ich den Klumpen hervor und knete ihn mit Wasser in einem Teller so lange, bis er einigermaßen weich geworden ist. Dann mache ich einen Golem und lasse ihn auf auf dem Fensterbrett über der Heizung trocknen.

„Du hast Rabbi Löw gespielt!", sagt Ludwig, als ich ihm meinen Golem zeige, und ich bin ein bisschen stolz darauf, dass er gleich sieht, was die Tonfigur sein soll. „Jetzt musst du ihn noch zum Leben erwecken!" „Leider kenne ich das Wort nicht", antworte ich.

„Gott sei Dank, kennst du das Wort nicht", ruft Ludwig. „Denn stell dir vor, du hättest die richtige Software, um das Ding in einen künstlichen Menschen zu verwandeln, auch wenn es nur ein Zwerg ist. Und dann dreht dein Golem eines Tages durch und schlägt alles kurz und klein, und du kennst den Zauberspruch nicht, um ihn still stehen zu lassen!"

„Du hast die Geschichte ja doch im Kopf", freue ich mich. „Und ich dachte, es würde dich nicht interessieren." „Tut es aber doch", antwortet Ludwig, „komm mit, ich zeig dir meinen Golem."

Ludwigs Golem ist aus glänzendem Blech. Er ist so groß wie meine Hand und hat einen Kopf mit leeren Augenhöhlen und ausgefahrenen Ohrmuscheln, zwei Arme mit Greifringen und Beine mit Füßen, die nach hinten und vorn zeigen. Er hat an der Seite einen Schlüssel und am Bauch einen Hebel. Ludwig schiebt den Hebel nach oben und dreht den Schlüssel ein paar Mal herum. Dabei knackt es im Inneren des Bleches. Dann schiebt Ludwig den Hebel nach unten. Es surrt und das Ding fängt an, sich zu bewegen. Es hebt sich von unten auf der einen Seite, dann auf der anderen, als ob es links und rechts abwechselnd nach vorne schreitet.

– „Ein Roboter mit Uhrwerk-Motor. Manchmal, spät am Abend, wenn ich das Licht anmache, kommt es mir so vor, als ob er sich gerade bewegt hat. Die anderen Dinge sehen immer irgendwie unschuldig aus, aber der Roboter überhaupt nicht. Vielleicht wird er sie eines Nachts anstiften, davonzugehen, und wenn ich aufwache, bin ich allein in einem leeren Zimmer. Gut, dass er nur einen Uhrwerk-Motor hat. Stell dir mal vor, wie es wäre, wenn er tatsächlich sehen und hören könnte und sich mit Energie aus Solarzellen bewegen könnte!"

– „Und wenn er computergesteuert wäre und dann noch so aussehen würde wie ein Mensch. Dann würdest du nur an den Bewegungen und den elektronischen Augen sehen, dass er überhaupt kein Mensch ist, sondern ein Roboter!"

– „Aber wenn nur das erste Modell so wäre und das nächste, das dann gebaut würde, wäre von Menschen überhaupt nicht mehr zu

unterscheiden. Ein Roboter, der so aussieht wie ein Mensch, sich so bewegt wie ein Mensch, so spricht wie ein Mensch, so denkt wie ein Mensch, so fühlt wie ein Mensch."

– „Nie im Leben kann ein Roboter so fühlen wie ein Mensch!"

– „Wenn er so denken kann, kann er auch so fühlen."

– „Dann kann er eben auch nicht so denken wie ein Mensch."

– „Aber wie kannst du da so sicher sein? Du kannst doch nicht sehen, wie er denkt und ob er etwas fühlt. Du kannst noch nicht mal sicher sein, ob ich oder deine Schwester Lena etwas sagen."

Ludwig schlägt vor, dass wir ein Spiel machen. Er und Lena verstecken sich dabei hinter einem Vorhang, ich soll irgendwelche Fragen stellen, um herauszufinden, wer die Antworten gibt, Lena oder er. Und sie würden jede Antwort auf einen Zettel schreiben, den ich dann lesen muss. Und ich würde nicht rauskriegen, wer die Antworten gibt, Lena oder Ludwig. „Und wer schreibt auf den Zettel?", frage ich. „Wir beide müssen schreiben dürfen, damit du nicht an der Schrift sehen kannst, wer es ist.", schlägt Lena vor.

„Und wenn ihr euch bei den Antworten genauso abwechselt, dann bin ich angeschmiert", stelle ich fest. „Wir wechseln aber nicht ab, Ehrenwort", antwortet Ludwig, „ich gebe alle Antworten, wenn ich es bin." Und auch Lena behauptet, sie würde auf alle Fragen die Antwort geben, wenn sie es ist.

Ich denke, ich kann da ein paar Fragen stellen, bei denen ich schon weiß, welche Antwort

Ludwig oder Lena geben werden, und so lasse ich mich auf das Spiel ein. Die beiden verschwinden mit einem Bleistift und einem Notizblock hinter dem Vorhang und das Spiel kann beginnen.

„Was ist deine Lieblingsblume?", frage ich. Hinter dem Vorhang Getuschel, dann wird ein Zettel gereicht, auf dem steht: Sonnenblume.

„Aha!", denke ich und stelle meine nächste Frage: „Welches ist dein Lieblingskleid?" Wieder kommt eine Hand mit Zettel hervor, und darauf steht: Das rote mit Streifen. Da weiß ich natürlich, wer es ist. „Das Spiel ist aus", rufe ich. Das ging schnell. „Du bist es, Lena."

Aber Ludwig behauptet, dass er die Antworten gegeben hat. Und dass er sich in Lena hineinversetzt hat, um mich hinters Licht zu führen.

Ich finde das unfair, und sage: „Das ist gelogen!" Und Ludwig sagt: „Ja glaubst du denn, dass ein Roboter, der so aussieht wie ein Mensch und so denken kann wie ein Mensch, nicht auch so lügen kann wie ein Mensch? Wenn jetzt hinter dem Vorhang ein Roboter gewesen wäre, und du wolltest mit deinen Fragen rauskriegen, ob es ein Mensch oder ein Roboter ist, dann hättest du ihn gefragt: ‚Bist du ein Mensch?' Dann hätte er gesagt: ‚Ja.' Aber wenn du dich darauf verlassen würdest, wärest du ganz schön dumm."

„Worum geht es eigentlich?", fragt Lena, und ich erkläre ihr, dass Ludwig tatsächlich glaubt, eines Tages würde es einen Roboter geben, der so aussieht wie ein Mensch, sich so bewegen kann, so sprechen kann, so denken kann und auch so fühlen kann. „Nie im Leben!", ruft Lena da. Und Ludwig antwortet: „Wie könnt ihr beiden nur so sicher sein?"

Was unterscheidet Menschen von Robotern?

Ludwig: „Nimm eine Puppe, die ein paar Sätze sagen kann."

Lena: „Und die außerdem noch die Windeln nass macht."

Ludwig: „So was gibt es?"

Lena: „Natürlich, und sogar solche, die strampeln und ein paar Schritte gehen können."

Ludwig: „Jetzt stell dir vor, das ist erst der Anfang. Ein künstlicher Mensch muss einfach alles können, was ein natürlicher Mensch machen kann."

Lena: „Also lachen, weinen, sitzen, liegen, rennen, springen, sprechen, rufen, zeigen, festhalten, lesen, antworten, nachdenken, traurig sein, fröhlich sein."

Ludwig: „Das geht alles, aber man muss systematisch vorgehen. Wir brauchen zuerst eine Liste aller Tätigkeiten. Genau wie du eine begonnen hast. Und dann müssen wir die Tätigkeiten so ordnen, dass zusammenhängende Gruppen entstehen. Diese Gruppen können dann von unseren Spezialisten auch zusammen als ein Paket entwickelt werden."

Lena: „Da habe ich in Mutters Buch mit alten Schlagertexten etwas gefunden, das vielleicht passt:

DENKE NACH!

Was hat für den Menschen noch alles seine Zeit?

Geboren werden hat seine Zeit,
Sterben hat seine Zeit,
Pflanzen hat seine Zeit,
Ausrotten, das gepflanzt ist,
hat seine Zeit,
Würgen hat seine Zeit,
Heilen hat seine Zeit,
Brechen hat seine Zeit,
Bauen hat seine Zeit,
Weinen hat seine Zeit,

Lachen hat seine Zeit,
Klagen hat seine Zeit,
Tanzen hat seine Zeit,
Steine zerstreuen hat seine Zeit,
Steine sammeln hat seine Zeit,
Umarmen hat seine Zeit,
Sich fernhalten vom Umarmen
hat seine Zeit,
Suchen hat seine Zeit,
Verlieren hat seine Zeit,

Behalten hat seine Zeit,
Wegwerfen hat seine Zeit,
Zerreißen hat seine Zeit,
Zunähen hat seine Zeit,
Schweigen hat seine Zeit,
Reden hat seine Zeit,
Lieben hat seine Zeit,
Hassen hat seine Zeit,
Streit hat seine Zeit,
Friede hat seine Zeit.

Ludwig: „Offenbar ein etwas älterer Schlager. Ich sehe, was du meinst, da ist alles schon geordnet. Aber das ist nicht die Ordnung, die mir vorschwebt. Wir brauchen etwas, das eher greifbar ist. Ich glaube, wir kommen weiter, wenn wir einfach einen Stapel Illustrierte und Magazine nehmen und mit der Schere alle Bilder ausschneiden, die zeigen, was Menschen tun. Diesen Bildern geben wir dann noch einen Titel, zum Beispiel ‚Auto fahren‘, ‚In der Dusche duschen‘, ‚Mit Uniform und Gewehr marschieren‘, ‚Ein Baby füttern‘. So lässt sich das dann besser nachbauen."

Lena: „Aber welches Bild würdest du zum Beispiel zu ‚Lieben hat seine Zeit‘ nehmen?"

Ludwig: „Da gibt es eine ganze Menge, zum Beispiel das mit dem Baby – es heißt eben nur anders."

Ludwig sieht das, was Menschen machen, irgendwie anders als Lena. Deshalb fragen die beiden mich, ob ich den Schlagertext von Lenas Mutter eher brauchbar finde als Ludwigs Idee mit den Bildern, die aus Magazinen ausgeschnitten und gesammelt werden. Ich sage, dass ich beide Ideen genial finde und dass es beide Ideen verdient haben, dass wir sie aufgreifen und anwenden. Gesagt, getan.

Aber Lena behält das letzte Wort: „Eigentlich versuchen wir doch, eine Antwort auf die Frage zu finden, was Menschen zu Menschen macht." Ludwig und ich schauen uns gegenseitig von der Seite an: Lena hat doch eine philosophische Ader.

Eine Menschen-Collage
Suche in Zeitschriften nach Bildern, die zeigen, was Menschen tun. Schneide sie aus und erstelle eine Collage.

Von der Wirkung eines Traumfängers

Über Lenas Bett hängt ein Traumfänger. Das ist ein Ring mit einem Netz, ein paar Glasperlen und einer Feder. Lena behauptet, das Ding würde ihre Träume vorsortieren: In dem Netz fangen sich die Träume, die zu der schlafenden Lena wollen. Die bösen Träume hält der Traumfänger zurück und die guten Träume gleiten an der Feder hinunter zu ihr. „Und tatsächlich", erzählt Lena, „ich habe nur schöne Träume." „So ein Quatsch!", rufe ich. „Du glaubst doch selber nicht, dass dir dieses lächerliche Ding die guten Träume schickt und die schlechten zurückhält!"

„Aber genau so ist es!", erwidert Lena leicht gereizt. „Das Ding hat eine besondere Kraft, die kommt von einem Schamanen. Es funktioniert, weil ich daran glaube."

– „Und was ist ein Schamane?"
– „Ein Schamane ist ein Zauberer bei den Indianern. Siehst du, mein Traumfänger kommt nämlich direkt von den Indianern."
– „Und woher willst du das wissen?"
– „Weil es auf der Verpackung stand."
– „Und wenn das, was da drauf stand, einfach erfunden war?"
– „Aber wieso sollte es erfunden gewesen sein? Wenn ich eine Tüte mit Salatsamen kaufe, dann kann ich mich doch auch darauf verlassen, dass im Pflanzbeet tatsächlich Salatpflanzen aufgehen, genau wie es auf der Packung steht!"

Meine Schwester! Ich sehe manchmal, sie lässt sich viel zu leicht an der Nase herumführen. Wie kann ich ihr nur klar machen, dass sie vieles völlig falsch sieht?

Am nächsten Nachmittag spreche ich mit Ludwig über Lenas Traumfänger. „Reg dich ab", sagt Ludwig. „Wie kannst du sicher sein, dass du Recht hast und sie nicht?"

– „Glaubst du etwa den Quatsch mit dem Traumfänger?"
– „Ich glaube, jemand, der von einer Sache fest überzeugt ist, kann auch zustandebringen, dass diese Sache tatsächlich passiert."
– „Willst du damit sagen: Wenn Lena glaubt, dass ihr der Traumfänger nur die guten Träume schickt, dann passiert das auch?"
– „Das kann doch sein. Weshalb denn nicht? Ich habe gehört, dass Ärzte erzählen, wie Leute gesund geworden sind, weil sie geglaubt haben, dass sie Medizin bekommen. In Wirklichkeit ist es nur ein Zuckerstück gewesen."
– „Dass so eine Mogelpackung helfen soll, finde ich unwahrscheinlich."
– „Aber es hilft ja nur, wenn man fest daran glaubt."
– „Und wie ist es mit der Tüte, auf der ‚Salatsamen' draufsteht? Stell dir mal vor, jemand hat heimlich Radieschensamen reingetan: Soll dann der Glaube aus den Radieschen wieder Salat machen?"
– „Nein. Wahrscheinlich hilft der Glaube nur, wenn die Sache dich selbst angeht, deine Gesundheit und dein Wohlbefinden."
– „Dann funktioniert der Traumfänger also?"
– „Bei Lena ja, weil sie dran glaubt. Bei dir nein, weil du es für Quatsch hältst."

„Ach, du bist selber ein Traumfänger", erwidere ich wütend. „Genau wie du", antwortet Ludwig lachend.

Abergläubisch?

Bist du abergläubisch? Glaubst du an die Dinge, die du dir eigentlich nicht wirklich mithilfe deines Verstandes erklären kannst. Überprüfe dich selbst! Vergleiche die Anzahl mit anderen Menschen. Sprecht über eure Erfahrungen!

Ich glaube an …	Beispiele	Kreuze an
Glückszahlen	(Beispiel: 8, 3)	
Unglückszahlen	(Beispiel: 13)	
Glückstage	(Beispiel: nach einer Vollmondnacht)	
Unglückstage	(Beispiel: Freitag, 13.)	
Böse Vorzeichen	(Beispiel: schwarze Katze, die den Weg überquert)	
Gute Vorzeichen	(Beispiel: Begegnung mit einem Schornsteinfeger)	
Einfluss der Gestirne/Sterne	(Beispiel: Sternzeichen)	
Glücksbringer	(Beispiel: Glückspfennig, Glücksschwein, Schornsteinfeger)	
Kraft von Amuletten	(Beispiel: Abwehr des bösen Blicks durch ein Glasauge)	

Einen Traumfänger basteln

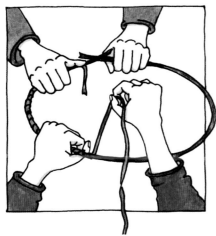

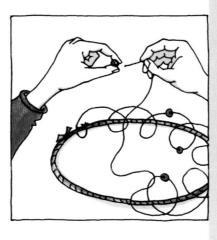

Material für den Traumfänger
- etwa 60 cm lange, biegsame Zweige, z. B. von einer Weide
- Lederstreifen zum Umwickeln des Kreises
- Fäden, Perlen, Federn, Steine für das Innere

1. Biegt den Zweig zu einem Kreis und umwickelt ihn mit Lederstreifen.

2. Knüpft das Netz im Inneren durch Schlaufen zusammen. Knotet Perlen, Steine und Federn in dem Netz fest.

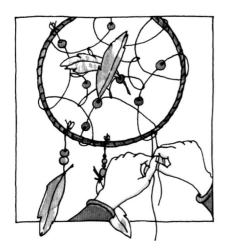

DENKE NACH!
- Ob dieser selbstgemachte Traumfänger tatsächlich dabei hilft, die schlechten Träume zurückzuhalten?
- Ob er nur die guten Träume an dich weitergibt?
- Vielleicht hat es etwas damit zu tun, dass du ihn selbst gebastelt hast?

3. Fädelt einige der Materialien auf drei Fäden und befestigt sie an der Unterseite des Traumfängers.

4. Knotet an der Oberseite einen Faden zum Aufhängen fest.

Von Nachrichten und Sensationen

„Was liest du da?", frage ich Ludwig und er antwortet: „Die wichtigste Meldung aus der Geschichte der Menschheit." Typisch Ludwig, immer das Größte und Wichtigste, eine Nummer kleiner passt ihm einfach nicht.

Aber die wichtigste Nachricht in der Geschichte der Menschheit – was mag das sein? „Die Entdeckung Amerikas?", frage ich nach. „Aber nein, das ist nur eine verspätete Sache, die ziemlich dumm gelaufen ist.", klärt er mich auf.

– „Der erste Schritt auf dem Mond?"
– „Nein, das ist nur höhere Angeberei gewesen."
– „Das Ende des Weltkriegs?"
– „Das war nur für einen Augenblick wichtig, es gibt viel zu viele Kriege."
– „Die Erfindung des Rades?"
– „Meinst du das Fahrrad?"
– „Nein, das Rad überhaupt."
– „Aber es gab große Kulturen, die haben auch ohne Rad gut gelebt."
– „Aber die hatten ein Rad ab."
– „Nein, sie kannten das Rad gar nicht."
– „Also dann die Entdeckung des Pflaumenkuchens mit Schlagsahne?"
– „Entdeckung oder Erfindung?"
– „Egal."
– „Du meinst, weil es für dich wichtig ist, muss es auch für den Rest der Menschheit wichtig sein?"

DINOFELIS AUSGEROTTET!

Aus dem Savannengebiet südlich des Äquator erreicht uns die sensationelle Meldung, dass der letzte Dinofelis während der vergangenen Nacht erlegt wurde. Mit der Ausrottung der Raubkatze, sagte Asante, der Sprecher der MMA (Menschheit in Mama Afrika), beginne ein neuer Abschnitt der Menschheitsgeschichte. „Frei von Angst und Schrecken, ohne die jede Nacht wiederkehrende Bedrohung durch das menschenfressende Ungeheuer."

Einer Gruppe von jungen Männern, angeführt von Kano, einem unerschrockenen Kämpfer, war es gelungen, den letzten Dinofelis („Schreckenskatze") im Mondlicht zu umzingeln und vor einem Baobab-Baum mit Dutzenden von Präzisions-Speeren zu durchbohren. Die Raubtierart ist damit, wie vorzeitliche Wissenschaftler versichern, endgültig ausgerottet.

Dinofelis – eine Katzenart von der Größe eines Löwen mit bis zu 15 cm langen Fangzähnen – ernährte sich hauptsächlich von Menschen, vor allem von Kindern, die er im Schlaf raubte. Das Tier verschmähte aber auch Menschenaffen nicht, wenn es ihrer habhaft werden konnte.

Fünfhunderttausend Jahre lang hatte Dinofelis die Menschen und Menschenaffen der Savanne terrorisiert. Erst der Einsatz langer, schlanker Speere auf Seiten der Verfolgten führte allmählich eine Wende herbei. Bei dem

Kampf gegen die anfangs zahlreichen Dinofelis-Ungeheuer mussten die Menschen lernen, ihre Angst zu überwinden. Nur durch genau platzierte Speerwürfe konnte der „schleichende Tod" ausgeschaltet werden, wie das Tier auch genannt wurde wegen seiner Gewohnheit, sich nahezu lautlos den schlafenden Kindern zu nähern.

In einer ersten Stellungnahme begrüßte der Sprecher der MMA die Vernichtung der Tierart als triumphalen Erfolg. „Mit Kopf, Herz und Hand", sagte Asante, „ist es uns gelungen, den schleichenden Tod aus der Welt zu schaffen." Nahezu vier Wochen lang – von Vollmond zu Vollmond – soll das Jubelfest dauern. Die Planung einzelner Höhepunkte durch das Festkomitee läuft bereits auf Hochtouren. Auch wird der Vorschlag erwogen, einer Verlautbarung aus informierten Kreisen der MMA zufolge, in Zukunft jede Vollmondnacht der Erinnerung an den Sieg über Dinofelis zu widmen.

Einige Medizinmänner äußerten jedoch Bedenken, dass die Angst vor der Raubkatze bereits genetisch verankert sei, so dass Menschenkinder in ferner Zukunft in ihren Alpträumen auch weiterhin das aufgerissene Maul des Dinofelis sehen würden. Außerdem seien die Speere und der Todesmut, den die Dinofelis-Jäger über viele Generationen hin entwickelten, etwas Neues in der Welt. Niemand könne voraussagen, ob solche Gegenstände und Eigenschaften stets im Interesse von MMA eingesetzt würden.

– „Also hör endlich auf mit deinen Sprüchen und sag mir, was die wichtigste Nachricht ist!"

Ludwig zeigt mir ein gelbgefärbtes Blatt Papier und erzählt: „Hier, das ist vor ungefähr einer halben Million Jahre passiert. Leider enthält der Bericht keine Bilder. Die Fotografie war noch nicht erfunden, noch nicht einmal die Höhlenmalerei." Dann liest Ludwig die Nachricht wie ein Nachrichtensprecher vor (s. links).

„Woher hast du das?", frage ich anschließend. „Man hat so seine Quellen", antwortet Ludwig großspurig.

– „Ist das echt?"
– „Das nehme ich doch an!"
– „Aber wenn es damals noch keine Bilder gab, wie soll es denn dann Zeitungen gegeben haben? Und wie soll sich die Zeitung so lange gehalten haben? Eine Zeitung, die nur fünfzig Jahre alt ist, wird ja schon gelb und fängt an, zu zerbröseln. Mein Vater hat nämlich eine aus dem Jahr, in dem der Weltkrieg zu Ende ging, und die ist schon ganz braun und an den Kanten zerkrümelt. Und die hier soll eine halbe Million Jahre alt sein! Da ist ja überhaupt nichts mehr von da! Gib zu, dass du alles nur erfunden hast, Ludwig!"
– „Aber du musst zugeben, dass es doch eine interessante Geschichte ist. Und glaub mir, es ist eine Geschichte, die tatsächlich passiert sein könnte. Weißt du was? Wir machen noch ein paar Beweisstücke und stellen das Ganze dann in der Schule vor. Machst du mit?"
– „Aber das ist eine Fälschung! Das können wir doch nicht machen!"

– „Es ist keine wirkliche Fälschung. Die Geschichte liegt so weit zurück, dass keiner genau wissen kann, wie es wirklich war."

Ich überlege hin und her. Ich sehe Asante vor mir, den würdigen alten Mann mit weißem Haar und einem Häuptlingsschmuck aus Federn auf dem Kopf. Und ich sehe Kano mit seinen Speeren, den Stolz dieses Kämpfers, und die Medizinmänner, die alten Besserwisser. Sie sind ein bisschen wie Ludwig. Ich sehe auch die Frauen, sie tanzen vor Freude um den toten Dinofelis herum. Es ist keine schlechte Geschichte.

„Vielleicht wäre ein Fangzahn des Dinofelis ein ziemlich gutes Beweisstück.", sage ich, nachdem ich eine Weile nachgedacht habe. „Und die Speere und ein Bild mit dem Kopf von der fauchenden Raubkatze!", ergänze ich noch.

So machen wir uns an die Arbeit und stellen die Beweisstücke her, an denen jeder die Wahrheit unserer Nachricht erkennen kann.

Vater hat einen Eckzahn von einem Schwein auf dem Schreibtisch. Er sagt, es ist ein Hauer. Ich borge den Hauer, er ist genau wie ein Fangzahn des Dinofelis. Ludwig findet das Bild von einem Tigerkopf mit aufgerissenem Maul auf einem Buchumschlag. Davon machen wir eine Kopie, schneiden die Schrift heraus, kleben lange Zähne dran und kopieren von dem Bild, das übrigbleibt, eine Vergrößerung auf DIN A3.

„Wenn wir ganze Speere mitbringen würden, dann würde das nur Misstrauen wecken", meint Ludwig. Also gehen wir zum Flußufer, wo immer ein paar alte Hölzer herumliegen. Wir suchen ein paar passende Speerspitzen, zünden am Ufer ein Feuer an und drehen die Spitzen der Hölzer über dem Feuer, so dass das Holz verkohlt. Es fängt an zu qualmen und wird schwarz. Nachher kann ich mit den Fingern fühlen, dass das Holz dabei tatsächlich auch hart geworden ist. Wir glätten auf einem flachen Stein die Spitzen. Ludwig behauptet, dass die Menschen, die mit Speeren auf die Jagd gingen, die Speerspitzen auf diese Weise hart gemacht hätten. Ein paar solcher Speerspitzen nehmen wir als unsere Beweismittel.

„Der beste Beweis ist natürlich, dass es den Dinofelis nicht mehr gibt", sagt Ludwig. „Sie müssen ihn ausgerottet haben."

„Und der zweitbeste Beweis ist, dass viele Kinder in ihren Alpträumen immer noch das aufgerissene Maul des Dinofelis sehen", ergänze ich und denke an die Geschichte.

Ludwig hat bis zum nächsten Morgen geübt, die Geschichte genauso wie ein Nachrichtensprecher im Fernsehen vorzulesen. Und während Ludwig die Geschichte in der Schule vorliest, stehe ich neben ihm und zeige nacheinander an den richtigen Stellen den Fangzahn, das Bild vom Kopf und die Reste von den Speerspitzen, mit denen der Dinofelis erlegt worden ist. Ein paar Kinder, die vorne sitzen, dürfen die Beweisstücke selbst in die Hand nehmen.

„Wenn wir vor der Klasse stehen und unsere Schau machen", hat mir Ludwig zuvor gesagt, „dann stell dir vor, dass dir die ganze Menschheit von Mama Afrika zuschaut."

Ich hoffe jedoch während des Vorlesens die ganze Zeit, dass unsere Zuschauer unseren Schwindel nicht bemerken!

Herausfinden, was passiert ist

„Wenn wir tatsächlich nicht genau wissen können, was einmal passiert ist, dann sind wir in derselben Lage wie die vier, die sich um den magischen Ring streiten", sagt Ludwig. „Was ist denn das nun wieder für eine Geschichte?", fragen Lena und ich und Ludwig erzählt die Geschichte von dem Ring mit den magischen Kräften.

Die Geschichte vom magischen Ring

Ein König hatte einen magischen Ring. Wenn er den Ring am Finger trug, konnte keiner seinen Worten widerstehen, alle mussten tun, was er wollte.

Der König hatte vier Kinder, zwei Töchter und zwei Söhne, die er über alles liebte. Diese waren aber aufeinander eifersüchtig. Wenn eines von ihnen ein Geschenk erhielt, dann verfolgten es die anderen drei mit Neid.

Solange der alte König in der Nähe war, vertrugen sie sich, weil er es so wollte und weil es die magische Kraft des Ringes erzwang. Aber er war alt und sein Leben neigte sich dem Ende zu. Gern wäre er noch geblieben, schon um den Frieden unter seinen Kindern aufrecht zu erhalten, doch er wusste, dass er nicht immer da sein konnte. So fand er den besten Juwelier des ganzen Reiches und ließ ihn drei Ringe anfertigen, die sich in nichts von seinem magischen Ring unterschieden.

Als die Kopien fertig waren und der König die vier Ringe vor sich in einer Reihe hinlegte, konnte er sie selbst nicht mehr voneinander unterscheiden, so genau hatte der Juwelier das Original nachgearbeitet. Nacheinander rief er nun seine vier Kinder zu sich und versicherte einem jeden, dass er es liebe. „Benjamin", sagte er, „hier ist mein Ring, ich gebe ihn dir als Zeichen meiner ganz besonderen Wertschätzung und Zuneigung." Und diese Worte wiederholte er auch bei Mirjam, Ruth und Lukas.

Bald darauf starb er, sein Körper verschwand. Alles, was von ihm übrig blieb, waren die Erinnerungen und die Geschichten, die von den Leuten erzählt wurden, die ihn gekannt hatten, und außerdem seine beiden Söhne und Töchter und die vier Ringe, die er ihnen hinterlassen hatte.

Unter diesen vier brach bald der Streit darüber aus, wer von ihnen im Besitz des einzig wahren Ringes sei.

„Ich habe den richtigen Ring", sagte Benjamin, „ich weiß es ganz genau, denn ich habe ihn direkt von meinem Vater als Zeichen seiner besonderen Wertschätzung und Zuneigung erhalten." Sein Bruder Lukas und die Schwestern Mirjam und Ruth sagten dasselbe, aber keiner glaubte dem anderen.

Die Leute, die den Streit der Erben verfolgten, schüttelten bekümmert ihre Köpfe. Unterdessen entstand das Gerücht, dass der Juwelier das Original des richtigen Ringes behalten hätte. Beweisen konnte das aber auch keiner.

Ludwig brach seine Erzählung an dieser Stelle ab. Mir kam plötzlich ein Gedanke. Ich wusste, wie man herausfinden konnte, wer von den Vieren den einzig richtigen Ring hatte. „Ich könnte mir sogar ein Experiment ausdenken, um das herauszukriegen", schlug ich vor. Vielleicht ein bisschen vorschnell, denn wie ich das genau anstellen wollte, wusste ich noch nicht. Und trotzdem gibt es einen Weg, da bin ich mir ganz sicher ...

AUFGABE •

Was schlägst du vor:
Wie kann man mit einem Experiment herausfinden, wer von den vier Geschwistern den wahren magischen Ring trägt?

Der Blick zurück

Zu Hause haben wir vier Fotoalben. Manchmal schaue ich mir die Bilder an. Ich erinnere mich an alle Urlaubsfotos und weiß genau, wo die Bilder aufgenommen worden sind. Ein Album ist voll mit Bildern aus meiner Baby- und Kleinkindzeit.

Ludwig behauptet, dass ich als Säugling genauso ausgesehen habe wie Lena. „Haha", antworte ich, „du bist in dem Alter wahrscheinlich unverwechselbar gewesen, weil du schon als Baby deine großen, abstehenden Ohren hattest."

In einem Album sind nur Bilder von meinen Eltern. „Da ward ihr noch nicht da", sagt Mutter. Ludwig fragt, ob es auch Bilder aus der Zeit gibt, als meine Eltern selbst noch nicht auf der Welt waren. In dem ältesten Album sind Fotos aus der Jugendzeit meiner Großeltern. Wir staunen über die Scheitel-Frisur und die komischen Hosen, die Großvater als Junge tragen musste.

Lena sagt: „Dass wir damals noch nicht da waren, stimmt aber nicht ganz." „So?", fragt Ludwig zurück, „wo bist du denn, bitteschön, gewesen?" Mir fällt eine Postkarte ein, die ich mal gesehen habe, mit lauter Babies in einem

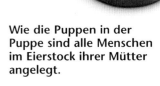

Wie die Puppen in der Puppe sind alle Menschen im Eierstock ihrer Mütter angelegt.

Tümpel und mit Störchen, die ab und zu eines aus dem Teich holen, um es der Mutter zu bringen. Bei dem Gedanken muss ich schmunzeln.

Aber Lena antwortet ernst: „Ich war als Ei angelegt im Eierstock meiner Mutter. Und du warst ein unbefruchtetes Ei im Eierstock deiner Mama. Und vorher war meine Mutter ein unbefruchtetes Ei im Eierstock von Großmutter und bei deiner Mutter war es genauso."

Ludwig ist für einen Augenblick still, dann sagt er langsam: „Faszinierend! Stell dir vor, wie das weitergeht. Vor der Großmutter die Urgroßmutter und davor die Ururgroßmutter und so weiter bis wer weiß wohin."

Lena meint: „Bis zu Eva, der Frau ohne Bauchnabel." „Wieso ohne Bauchnabel?" fragt Ludwig. „Weil sie nicht geboren worden ist, sondern von Gott direkt geformt wurde", antwortet Lena und ergänzt: „Du weißt doch, Ludwig, dass der Bauchnabel die Narbe von der Nabelschnur ist, durch die das Baby im Mutterleib ernährt wird?" „Natürlich", gibt Ludwig zu, und ich sage: „Eins zu Null für Lena."

„Moment", wendet Ludwig ein, „dass Eva aus Lehm oder aus einer Rippe geformt worden ist, ist vielleicht nur eine schöne, aber erfundene Geschichte. Vielleicht haben die ersten Menschen ganz anders ausgesehen als wir. Vielleicht haben sie auf Bäumen gelebt und hatten lange Affenschwänze und dichtes Fell. Und sie waren nie ohne Bauchnabel, weil sie immer geboren worden sind." „Trotzdem waren in den vielen behaarten Evas immer Eierstöcke, in denen die Kinder schon da waren, die dann geboren wurden", erklärt Lena. Sie holt die bunte Holzfigur aus der Vitrine, die Vater einmal aus St. Petersburg mitgebracht hat. „Es ist genau wie mit diesen Puppen, die in der großen Puppe drin stecken", sagt sie.

Lena öffnet die Puppe in der Mitte, holt die nächste hervor, öffnet auch die, holt die nächste hervor und so weiter bis zur fünften und letzten, die sich nicht mehr öffnen lässt. Man kann sich aber vorstellen, wie es weitergeht. Lena stellt die Puppen nebeneinander in eine Reihe und stellt fest: „So hängt alles zusammen."

„Und wie ist es möglich, dass wir in der ersten Eva sozusagen schon enthalten waren, wenn es vielleicht tausend Mütter zurückreicht? Das Ei im Ei wäre dann so klein, man könnte es noch nicht mal mit einem Elektronenmikroskop sehen", meine ich zweifelnd. „Vielleicht als genetische Information", vermutet Ludwig.

Da sagt Mutter: „Es ist kaum zu glauben, womit ihr euch befasst. Wohin soll es nur führen, wenn die Kinder immer neugieriger werden und schon als Kinder alles wissen wollen, was noch nicht mal die Erwachsenen wissen?"

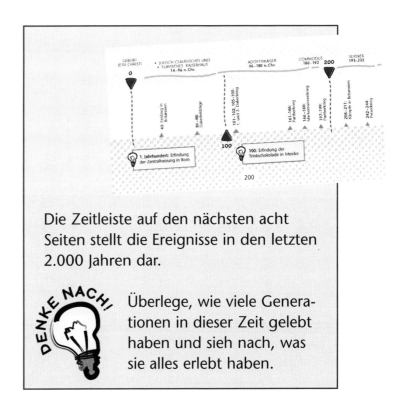

Die Zeitleiste auf den nächsten acht Seiten stellt die Ereignisse in den letzten 2.000 Jahren dar.

Überlege, wie viele Generationen in dieser Zeit gelebt haben und sieh nach, was sie alles erlebt haben.

2.000 Jahre Geschichte

Lena und Ludwig schauen auf die Zeitleiste.

– „Schau dir an, was in der Zeit alles passiert ist! All die Kriege und vielen verschiedenen Regierungen!"

– „Und doch ist eines gleich geblieben: Die Folge der Generationen. Aus Kindern werden Eltern und dann Großeltern."

– „Dauert eine Generation genauso lang wie ein Menschenleben?"

– „Nein, man versteht darunter die Zeit von der Geburt der Eltern bis zur Geburt der Kinder."

– „Das sind also etwa 25 Jahre. In meinem Leben werde ich mindestens fünf Generationen kennen lernen: Die Generation meiner Großeltern kenne ich schon, die Generation meiner Eltern kenne ich auch schon, meine eigene Generation, Ludwig und ich, lerne ich kennen, die Generation meiner Kinder werde ich kennen lernen, die Generation meiner Enkelkinder werde ich auch kennen lernen."

– „Vorausgesetzt, du wirst Kinder haben."

– „Vielleicht werde ich sogar insgesamt sechs Generationen kennen lernen."

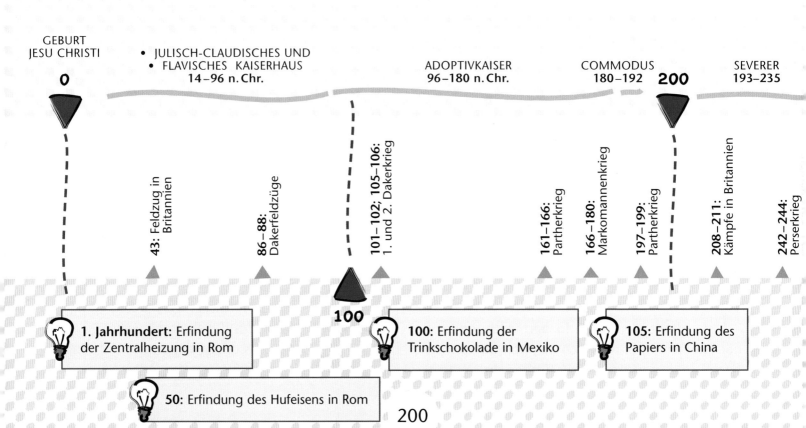

GEBURT JESU CHRISTI
0

• JULISCH-CLAUDISCHES UND
• FLAVISCHES KAISERHAUS
14–96 n. Chr.

ADOPTIVKAISER
96–180 n. Chr.

COMMODUS
180–192

200

SEVERER
193–235

43: Feldzug in Britannien

86–88: Dakerfeldzüge

101–102; 105–106: 1. und 2. Dakerkrieg

100

161–166: Partherkrieg

166–180: Markomannenkrieg

197–199: Partherkrieg

208–211: Kämpfe in Britannien

242–244: Perserkrieg

1. Jahrhundert: Erfindung der Zentralheizung in Rom

100: Erfindung der Trinkschokolade in Mexiko

105: Erfindung des Papiers in China

50: Erfindung des Hufeisens in Rom

200

– „Jetzt schau mal die lange Strecke zurück bis zum Jahr 1 an: Mehr als zweitausend Jahre."
– „Das ist so lang, da geht doch jeder Zusammenhang mit uns und unserer heutigen Zeit verloren."
– „Lass uns einmal ausrechnen, wie viele Generationen in den zweitausend Jahren gelebt haben. Von denen kennst du ja immerhin fünf oder sechs. Dann ist die Geschichte vielleicht nicht so unerreichbar."

AUFGABE •

- Rechne aus: Wenn eine Generation 25 Jahre dauert, wie viele haben dann in den letzten 2.000 Jahren gelebt?
- Gestalte eine eigene Zeitleiste für deine Familie. Wie viele Jahre kannst du zurückverfolgen?

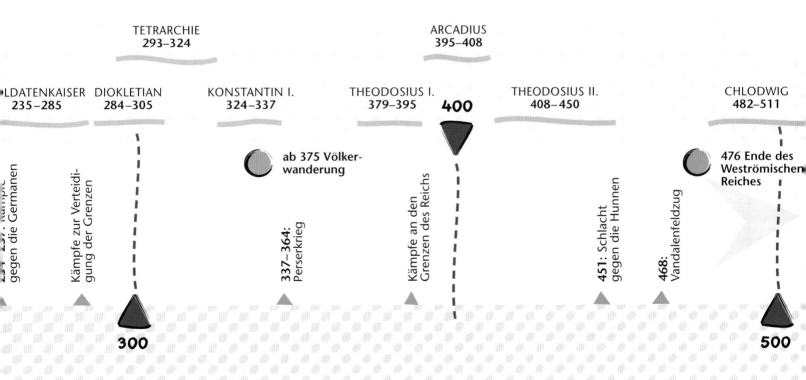

TETRARCHIE
293–324

ARCADIUS
395–408

LDATENKAISER 235–285

DIOKLETIAN 284–305

KONSTANTIN I. 324–337

THEODOSIUS I. 379–395

400

THEODOSIUS II. 408–450

CHLODWIG 482–511

gegen die Germanen

Kämpfe zur Verteidigung der Grenzen

ab 375 Völkerwanderung

337–364: Perserkrieg

Kämpfe an den Grenzen des Reichs

451: Schlacht gegen die Hunnen

468: Vandalenfeldzug

476 Ende des Weströmischen Reiches

300

500

200–300: Erfindung der Schubkarre in China

201

Von Erfindungen umzingelt

Eine ausgiebige warme Dusche ist das höchste der Gefühle. Ich könnte eine ganze Stunde lang duschen. Wer die Dusche erfunden hat, hat die Welt wirklich ein bisschen angenehmer gemacht. Ich glaube, die Leute haben allen Grund, dem Erfinder der Dusche dankbar zu sein. Aber wer war's?

Lena meint, dass sie der Erfinderin des Klaviers die Hände küssen könnte. Ein Klavier sei überhaupt das wunderbarste Instrument von der ganzen Welt, sagt sie. Und die Frau, die das Klavier erfand, müsse ja auch das Klavierspielen erfunden haben: Ein absolutes Genie! Aber wer war's?

Ludwig sagt, die Dusche sei von dem Ingenieur Daniel Düsentrieb erfunden worden und das Klavier von einer mittelalterlichen Nonne namens Sirene Hammerfinger. So macht er sich lustig über uns.

Dabei gibt es lange Listen von Erfindern und ihren Erfindungen: Hans Lipperhey hat zum Beispiel das Fernrohr erfunden, Benjamin Franklin den Blitzableiter, Joseph Merlin die Rollschuhe und Walter Hunt die Sicherheitsnadel.

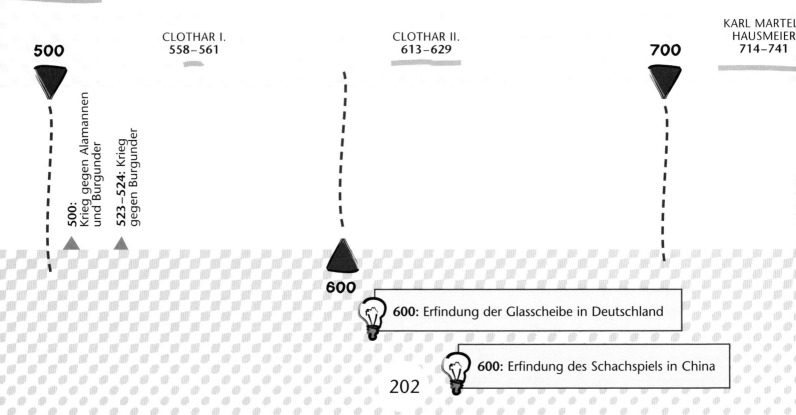

CHLODWIG
482–511

CLOTHAR I.
558–561

CLOTHAR II.
613–629

KARL MARTEL
HAUSMEIER
714–741

500

600

700

500: Krieg gegen Alamannen und Burgunder

523–524: Krieg gegen Burgunder

600: Erfindung der Glasscheibe in Deutschland

600: Erfindung des Schachspiels in China

„Aber das sind alles ziemlich kleine Dinge aus der Neuzeit", sagt Ludwig. „Die großen Erfindungen sind alle so alt, dass keiner die Erfinder kennt:
– Wer hat das Rad erfunden,
– den Spiegel,
– die Schere,
– das Bett,
– den Stuhl
– den Topf,
– den Tisch,
– die Schrift,
– oder die Herstellung von Kupfer und Bronze?"

Ich sage: „Es ist klar: Bei diesen alten Erfindungen weiß keiner, welche Person sie erfunden hat. Irgendein Urmensch vielleicht, der abends grübelte, während die anderen alle schon auf ihren Bärenfellen schliefen: ‚Wenn ich ein Gestell aus Holz hätte, mit vier Beinen und einem Boden aus Brettern, dann könnte ich das Bärenfell auf die Bretter legen und würde nicht mehr auf der kalten Erde frieren müssen'. So wäre ihm ein Licht aufgegangen und er hätte das Bett erfunden."

„Das halte ich für ziemlich unwahrscheinlich", wirft Lena ein. „Bretter gab es ja noch gar nicht. Und das mit den vier Beinen ist auch ganz schön

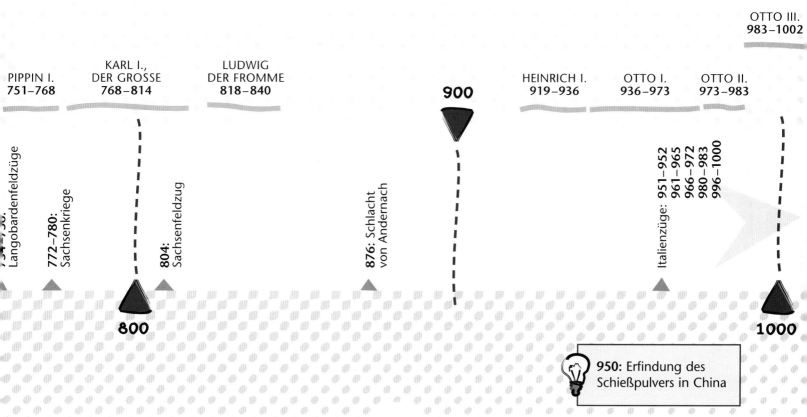

203

weit hergeholt, wenn du sonst keine Möbel hast. Wahrscheinlich haben die Leute Heu und Stroh und dünne Zweige unter ihre Felle gelegt, um sich damit gegen die Kälte der Erde zu schützen. Und wahrscheinlich ist das Bett in vielen kleinen Schritten erfunden worden, statt auf einmal und von einem einzigen Menschen."

„Genau so ist es jedenfalls mit den meisten neuen Erfindungen", sagt jetzt Ludwig. „Der Computer ist ein gutes Beispiel. Er hat viele Vorläufer und Erfinder; ganze Truppen von Technikern haben daran gearbeitet. Und genau so geht es heute weiter. Da sind sicher ein paar tausend

Leute an der Arbeit, um den Computer weiter zu verbessern. Und so ähnlich ist es auch mit dem Auto, mit dem Flugzeug, mit dem Fernsehen, mit der Raumfahrt gewesen: Alles Teamarbeit."
– „Stell dir vor, der Bärenfell-Mensch würde plötzlich hier bei uns in der Wohnung erscheinen. Was der für Augen machen würde!"
– „Gibt es hier überhaupt etwas, das er schon kennt? Der Teppich, die Bilder, die Decke, die Lampe – all das hat er noch nie gesehen."

„Einzig und allein die kleine Figur hier", Ludwig nimmt die kleine Tänzerin aus Porzellan, die

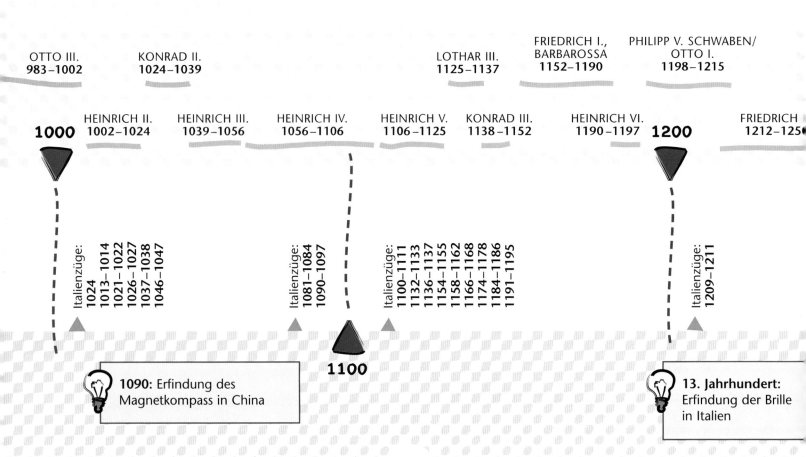

OTTO III.
983–1002

KONRAD II.
1024–1039

LOTHAR III.
1125–1137

FRIEDRICH I.,
BARBAROSSA
1152–1190

PHILIPP V. SCHWABEN/
OTTO I.
1198–1215

HEINRICH II.
1002–1024

HEINRICH III.
1039–1056

HEINRICH IV.
1056–1106

HEINRICH V.
1106–1125

KONRAD III.
1138–1152

HEINRICH VI.
1190–1197

FRIEDRICH
1212–125●

1000

1200

Italienzüge:
1024
1013–1014
1021–1022
1026–1027
1037–1038
1046–1047

Italienzüge:
1081–1084
1090–1097

Italienzüge:
1100–1111
1132–1133
1136–1137
1154–1155
1158–1162
1166–1168
1174–1178
1184–1186
1191–1195

Italienzüge:
1209–1211

1100

1090: Erfindung des Magnetkompass in China

13. Jahrhundert: Erfindung der Brille in Italien

Mutter in die Vitrine gestellt hat. „Dieses Ding könnte ihm bekannt vorkommen, denn so ähnliche Figuren haben die Leute schon vor Tausenden von Jahren aus Knochen geschnitzt."

– „Abgesehen von diesem Figürchen wäre er von unbekannten Dingen umgeben, wie in einer anderen Welt."

– „Lichtjahre entfernt von seiner Steinzeitwelt. Und all diese Dinge sind irgendwann mal im Lauf der Zeit erfunden worden."

– „Und dann gibt es noch die vielen Erfindungen, die hier gar nicht zu sehen sind, die aber das Leben erst richtig schön machen."

– „Woran denkst du denn?"

– „An Eiskrem und Pizza und Schokolade und Karussells und Achterbahnfahren und Gruselfilme und warme Duschen. Ist doch genial, dass wir heute leben und nicht damals, als das alles noch nicht erfunden war."

„Wir können uns gratulieren, dass wir heute leben mit all den tollen Erfindungen", sagt Ludwig und streckt mir die Hand hin, damit ich sie schüttele. „Ich gratuliere dir dazu, dass du heute lebst und nicht früher, als es das Fernsehen, das Kino, CD-Spieler und Computer noch nicht gegeben hat."

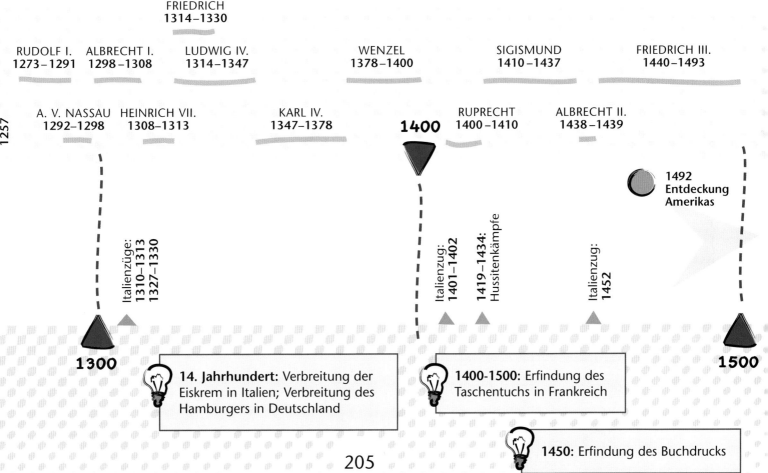

R. V. CORNWALL & ALFONS X.
1247–1256
1257

FRIEDRICH
1314–1330

RUDOLF I.
1273–1291

ALBRECHT I.
1298–1308

LUDWIG IV.
1314–1347

WENZEL
1378–1400

SIGISMUND
1410–1437

FRIEDRICH III.
1440–1493

A. V. NASSAU
1292–1298

HEINRICH VII.
1308–1313

KARL IV.
1347–1378

1400

RUPRECHT
1400–1410

ALBRECHT II.
1438–1439

1492
Entdeckung
Amerikas

Italienzüge:
1310–1313
1327–1330

Italienzug:
1401–1402

1419–1434:
Hussitenkämpfe

Italienzug:
1452

1300

14. Jahrhundert: Verbreitung der Eiskrem in Italien; Verbreitung des Hamburgers in Deutschland

1400-1500: Erfindung des Taschentuchs in Frankreich

1500

1450: Erfindung des Buchdrucks

So beglückwünschen wir uns gegenseitig dazu, dass wir in einer Welt leben, die durch Erfindungen verbessert worden ist. Aber später fällt mir der Gesichtsausdruck von Ludwig ein, als wir einander die Hände schüttelten: Da sah er aus, als ob er sagen wollte: „Keinen Augenblick lang glaube ich daran, dass heute alles besser ist als es früher war."

„Lena", sage ich, „glaubst du, dass der Bärenfell-Mensch etwas hatte, das wir nicht haben?" Lena denkt nach und sagt: „Der Wecker war noch nicht erfunden und alle konnten so lange auf den Bärenfellen liegen bleiben, wie sie wollten."

„Und abends durfte man so lange am Feuer sitzen, wie man wollte", stelle ich mir vor. „Die Leute hatten einfach endlos viel Zeit."

– „Vielleicht nicht endlos. Man musste ja zu essen haben. Die Frauen sammelten Körner, Nüsse und Früchte so viel sie finden konnten."

– „Und die Männer jagten große Tiere. Vielleicht war es gar kein so schlechtes Leben, auch ohne Eiskrem und Pizza."

– „Sie kannten das ja nicht und deshalb haben sie es auch nicht vermissen können."

– „Genau wie wir noch nicht vermissen, was es in Zukunft einmal an schönen Dingen geben

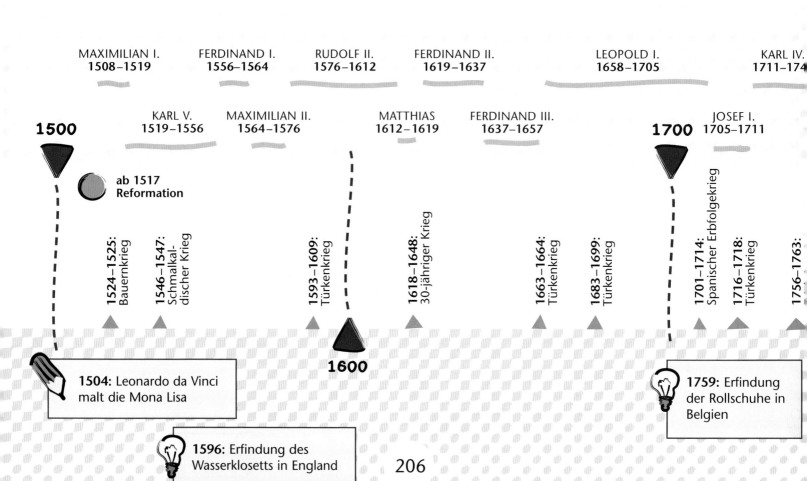

MAXIMILIAN I.
1508–1519

FERDINAND I.
1556–1564

RUDOLF II.
1576–1612

FERDINAND II.
1619–1637

LEOPOLD I.
1658–1705

KARL IV.
1711–174

KARL V.
1519–1556

MAXIMILIAN II.
1564–1576

MATTHIAS
1612–1619

FERDINAND III.
1637–1657

JOSEF I.
1705–1711

1500

1700

ab 1517
Reformation

1524–1525:
Bauernkrieg

1546–1547:
Schmalkaldischer Krieg

1593–1609:
Türkenkrieg

1618–1648:
30-jähriger Krieg

1663–1664:
Türkenkrieg

1683–1699:
Türkenkrieg

1701–1714:
Spanischer Erbfolgekrieg

1716–1718:
Türkenkrieg

1756–1763:

1600

1504: Leonardo da Vinci malt die Mona Lisa

1759: Erfindung der Rollschuhe in Belgien

1596: Erfindung des Wasserklosetts in England

wird, von denen wir jetzt noch keine Ahnung haben."

– „Was mögen das für Dinge sein, die den Menschen in der Zukunft das Leben schöner machen und von denen wir heute noch nichts wissen? Einen besonderen Leckerbissen zu essen, den heute noch keiner kennt? Oder etwas, das dem Körper ein angenehmes Gefühl gibt, wie eine warme Dusche?

– „Manchmal habe ich auch Angst, wenn ich an die Zukunft denke", sagt Lena. „Vielleicht wird die Welt durch den Fortschritt immer gefährlicher. Es gibt immer mehr Menschen, von denen jetzt schon viele hungern. Wie soll das weitergehen?"

– „Aber mit einer einzigen Rakete könnte man heute die Menschen einer ganzen Großstadt mit einem Schlag alle umbringen."

– „Ob es Kriege geben wird? Ob es Hungersnöte geben wird?"

– „Ich glaube, dass der Bärenfell-Mensch ähnliche Ängste hatte: Ab und zu gab es wenig zu essen und manchmal mussten die Leute sicher hungern. Und anstelle der Angst vor einem Krieg hatten sie es mit feindlichen Stämmen zu tun."

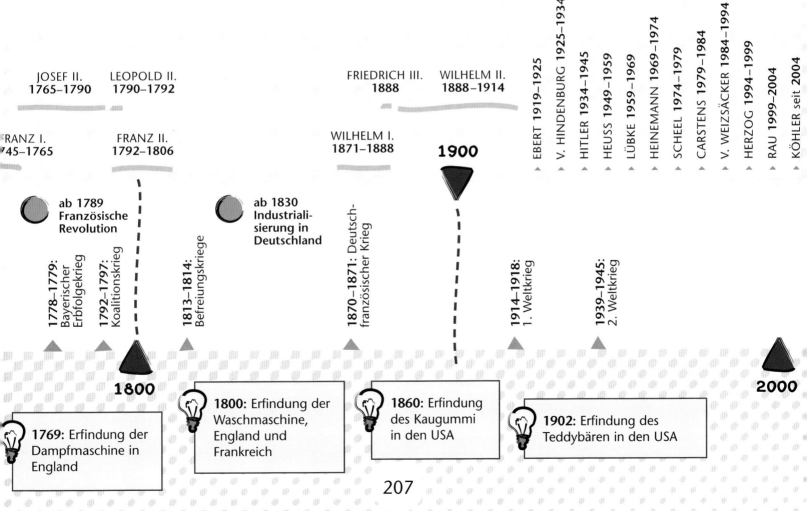

JOSEF II. 1765–1790
LEOPOLD II. 1790–1792
FRANZ I. 1745–1765
FRANZ II. 1792–1806

FRIEDRICH III. 1888
WILHELM II. 1888–1914
WILHELM I. 1871–1888

EBERT 1919–1925
V. HINDENBURG 1925–1934
HITLER 1934–1945
HEUSS 1949–1959
LÜBKE 1959–1969
HEINEMANN 1969–1974
SCHEEL 1974–1979
CARSTENS 1979–1984
V. WEIZSÄCKER 1984–1994
HERZOG 1994–1999
RAU 1999–2004
KÖHLER seit 2004

ab 1789 Französische Revolution
ab 1830 Industrialisierung in Deutschland

1870–1871: Deutsch-französischer Krieg

1778–1779: Bayerischer Erbfolgekrieg
1792–1797: Koalitionskrieg
1813–1814: Befreiungskriege
1914–1918: 1. Weltkrieg
1939–1945: 2. Weltkrieg

1800
1900
2000

1769: Erfindung der Dampfmaschine in England

1800: Erfindung der Waschmaschine, England und Frankreich

1860: Erfindung des Kaugummi in den USA

1902: Erfindung des Teddybären in den USA

207

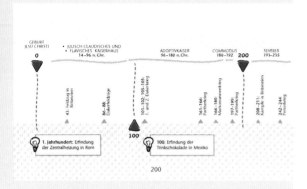

Wo sind die Frauen?

„Jetzt habe ich die Zeitleiste von Anfang bis Ende genau betrachtet und nur die Namen von Männern gefunden", sagt Lena. „Kaiser, Könige, irgendwelche Herrscher und keine einzige Frau. Alles nur Männer."

„Ja, tatsächlich", meint Ludwig, „das ist doch merkwürdig. Es gibt ja ungefähr ebenso viele Frauen wie Männer und das ist doch früher auch immer schon so gewesen."

„Aber in der Geschichtsschreibung kommen Frauen einfach nicht vor, weil Männer wichtiger sind", sage ich, um Lena zu ärgern. Aber Lena wird nicht böse, es kommt mir vor, als ob sie ein wenig traurig ist. „Als ob es gar keine Frauen gegeben hat," sagt sie. „Dabei sind alle Menschen, die gelebt haben, und die heute leben, von Frauen zur Welt gebracht worden. Kein einziger Mensch ist je von einem Mann geboren worden. Alle Mütter sind Frauen."

„Ein paar berühmte Frauen kommen in der Geschichte schon vor", sagt Ludwig. „Zum Beispiel Maria, Kleopatra und Marie Curie."

„Wer ist denn das gewesen?", fragen Lena und ich.

„Maria war die Mutter von Jesus, Kleopatra war eine Herrscherin in Ägypten und Marie Curie hat das Radium entdeckt. Natürlich ist das nur eine kleine Auswahl. Es gibt noch viel mehr berühmte Frauen. Aber wenn man alle berühmten Frauen zusammenzählt, sind es immer noch weniger als die Summe der berühmten Männer."

„Vielleicht hatten die Frauen einfach keine Zeit, um berühmt zu werden, weil sie sich um ihre Kinder kümmern mussten", vermute ich.

„Vielleicht hat es mit dem Wort ‚berühmt' zu tun", erwidert Lena. „Was heißt eigentlich ‚berühmt'?"

Da sagt Ludwig: „Die Zeitleiste gibt eine ziemlich klare Antwort: Berühmt sind alle, die Kriege geführt haben und Völker beherrscht haben. Wenn wir von denen aber nur die gelten lassen würden, die den Leuten ein besseres Leben beschert haben, könnten wir fast alle Namen wegstreichen."

„Und wer bleibt dann übrig?", fragt Lena. „Darüber streiten die Gelehrten", lacht Ludwig. „Es ist gar nicht einfach, die Wohltäter von den Übeltätern zu trennen. Einfacher ist es mit der Berühmtheit in der Kunst. Zum Beispiel zeigt das berühmteste Bild der Welt das Bild eine Frau."

„Ludwig, du wechselst das Thema", sagt Lena.

„Es ist doch immerhin interessant, dass auf dem berühmtesten Bild der Welt eine Frau zu sehen ist", verteidigt sich Ludwig. „Vielleicht kann man da ja auch etwas über Frauen in der Geschichte sehen."

Er zeigt uns ein Buch aus der Bücherei seines Vaters. Auf dem Umschlag ist eine Frau mit einem Katzengesicht und einem dünnen Schleier über den Haaren abgebildet, hinter ihr sieht man eine gelbliche Landschaft mit steilen Bergen. Die Frau hat die Hände übereinander gelegt, die vielen Falten des Stoffs auf den Ärmeln sind ganz akkurat gemalt. Sie blickt den Maler an oder den, der sich das Bild anschaut, zum Beispiel jetzt mich.

„Wieso ist ausgerechnet dies das berühmteste Bild der Welt?" frage ich.

„Es ist das Lächeln der Frau", sagt Lena. „Sie heißt *Mona Lisa*", und sie ist irgendwie geheimnisvoll."

Ludwig sagt: „Genaugenommen weiß man nicht, ob sie so hieß. Mein Vater hat mir erzählt, dass keiner genau weiß, wer diese Frau gewesen ist. Der Maler Leonardo da Vinci hat das Bild vor fünfhundert Jahren gemalt. Und seither zieht das seltsame Lächeln immer mehr Leute an wie ein Magnet."

Ich finde, die Frau lächelt eher ein wenig verkrampft.

Da fragt Lena: „Und was kann man nun an diesem Bild über Frauen in der Geschichte erkennen, Ludwig?"

„Das Bild zeigt die vielen unsichtbaren Frauen in der Geschichte", antwortet Ludwig tiefgründig. „Sie sind so unbekannt

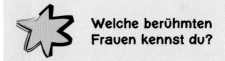

Welche berühmten Frauen kennst du?

und geheimnisvoll wie Mona Lisa. Und obwohl keiner sie kennt, sind sie doch da und lächeln vor sich hin."

Jetzt weiß ich, woran ich schon die ganze Zeit habe denken müssen: An das Grinsen der Katze in der Geschichte von *Alice im Wunderland*. Da trifft Alice eine Katze, die in einem Baum sitzt und sie angrinst. Dann verschwindet die Katze allmählich und nur ihr Grinsen bleibt noch zwischen den Zweigen hängen. Ich finde, das Grinsen der Katze ist so wie das Lächeln der Mona Lisa. Und so wird mir klar, was Ludwig meint: Das Lächeln der Mona Lisa ist in den Geschichtsbüchern genau so, wie das Grinsen der Katze in den Zweigen des Baumes. Das ist doch ein lustiger Gedanke!

Aber Lena findet daran nichts Lustiges. Sie ist richtig böse. „So ein Quatsch!", ruft sie. „Da werden Millionen von Frauen einfach totgeschwiegen. Ihre Arbeit gilt für nichts. Nur wer Kriege führt und andere beherrscht, kommt in der Geschichtsschreibung vor. Das ist total ungerecht. Und da erzählst du davon, dass die Frauen vor sich hin lächeln."

Was hat Lena nur? Weshalb ist sie auf einmal so böse? Ob etwas dran ist an dem, was sie aufregt? Ob es tatsächlich ungerecht ist, dass Frauen in der Geschichte nur am Rand eine Rolle spielen?

Ludwig
und kein Ende

Ludwigs Eltern arbeiten im neuen Jahr an einem Projekt im Ausland und zwar, wie Ludwig sagt, „ausgerechnet im Jemen". Als ob er das Land schon kennen würde!

Beim Abendessen zu Hause erzähle ich, dass Ludwig wegziehen wird, in den Jemen, und Vater meint: „Wer dorthin geht, der ist selbst schuld, wenn er die wichtigen Entwicklungen hier bei uns in Deutschland versäumt." Meine Schwester Lena sagt, dass Ludwig gestern Mittag einen Schneeball nach ihr geworfen habe – nicht getroffen! – und dass er wenigstens diesen Unfug im Jemen nicht mehr anstellen könne. Mutter sagt, dass sie Ludwig und seiner Familie alles Gute wünsche, aber auch ein bisschen froh darüber sei, dass er wegziehe. Sie denkt, ich könne mich dann den wirklich wichtigen Dingen zuwenden, ohne durch ihn dauernd abgelenkt zu werden. Ich müsse vor allem meine Schulaufgaben ernster nehmen und fleißiger sein.

Seit dem 8. Februar ist Ludwig fort. Ich muss immer an ihn denken, wenn mir etwas Rätselhaftes begegnet. Zum Beispiel jetzt im März, wenn die ersten Pflanzen schon Blüten treiben, obwohl doch noch Schnee liegt.

In der Schule haben wir das Schneeglöckchen als Beispiel für einen Frühblüher. Wir zeichnen ein Bild, auf dem das blühende Schneeglöckchen mitsamt der kleinen Zwiebel zu sehen ist, aus der die beiden schmalen grünen Blättchen und der Stängel mit der weißen Blüte und dem feinen grünlichen Rand herausgewachsen sind. Dazu gibt es eine Erklärung, die wir lernen sollen: „Die Zwiebel ist ein Speicher für die Nahrung, die es dem Schneeglöckchen gestattet, zu blühen, wenn ringsum noch Eis und Schnee liegen."

Da fällt mir sofort Ludwig ein. Ich sehe sein Gesicht voll Sommersprossen vor mir und mir ist, als ob ich ihn reden höre: „Die Zwiebel beweist doch gar nichts. Die Frage, was dieses kleine Ding zum Blühen treibt, ist damit nicht beantwortet."

Vorgestern kam ein Brief von Ludwig aus dem Jemen. Er schrieb, dass die Leute dort alles, was auf den Tisch kommt, ohne Besteck mit den Händen essen – Fisch und Fleisch und Gemüse und Brot. Das wäre unzivilisiert, würde aber sehr gut schmecken. Tagsüber würde immer die Sonne scheinen, aber abends würde die Mondsichel wie ein Boot langsam durch die Sterne fahren. Das Sternbild Orion würde quer am Himmel liegen, wie ein großer Schmetterling.

Ich habe mir den Weltatlas vorgenommen und den Jemen gesucht. Er liegt gleich bei Afrika, direkt am Roten Meer. Irgendwann, das weiß ich genau, werde ich hinfahren.

Bildnachweise

S. **54** *Achal-Tekkiner:* blickwinkel / L. Lenz

S. **65–67** *Erde bei Nacht:* C. Mayhew & R. Simmon
(NASA / GSFC), NOAA / NGDC,
DMSP Digital Archive

S. **72/73** *Sternbild Orion, Großer Wagen,
Schwan:* Till Credner, *alltheSky.com*

S. **77** *Riesenameise:* blickwinkel / H. Schmidbauer

S. **79** *Ameisenhaufen:* wildlife / B. Borrell

S. **88** *Mehlwurm:* wildlife / R. Nagel

S. **104** *Löwenzahn:* Volker Minkus

S. **106** *Zaunrübe:* www.awl.ch/heilpflanzen/
Werner Arnold

S. **121** *Rothirsch:* blickwinkel / R. Wittek

S. **123**: *Caspar David Friedrich: Chasseur im Walde
(1814).* Privatbesitz in Bielefeld

S. **124** *Kohlmeise:* blickwinkel / M. Willemeit

S. **126** *Kohlmeise mit Raupe, Dompfaff, Blaumeise,
Amsel:* Digitale Naturfotografie / Gerd Rossen

S. **134** *Seestern:* imago / Mollenhauer

S. **138** BMW

S. **140** *René Magritte: Golkonda.*
VG Bild-Kunst, Bonn 2004

S. **147** *Joan Miro: Das Lächeln am Fuße der Leiter.*
Successió Miró / VG Bild-Kunst, Bonn 2004

S. **154** *Wanderfalke:* blickwinkel / Delpho

S. **159** *Zwergfledermaus:* blickwinkel / E. Menz

S. **166** *Chamäleon:* superbild / Ro-Ma Stock

S. **209/210** *Leonardo da Vinci: Mona Lisa (1504).*
Louvre, Paris

Claudia Below: S. 12, 20, 23–25, 27, 28 43, 51, 53,
57, 80, 81, 83, 94, 91, 99, 103, 113, 116, 141, 148,
168, 182, 188, 196–198
Tanja Grigo: S. 162, 175, 183, 184
Barbara Dulitz: S. 36

Die restlichen Fotos und Abbildungen stammen vom
Autor.

Textrechte

S. **150** *Villa Knusperhaus.* aus: Die dampfenden Hälse
der Pferde im Turm zu Babel von Franz
Führmann. Kinderbuchverlag, Berlin 1978,
S. 291/292 © Hinstorff Verlag, Rostock

S. **105** *Haikus* aus: Dietrich Krusche (Hg.): Haiku.
Japanische Gedichte © Deutscher Taschen-
buchverlag, München 1997

S. **111** *Elmar W. Weiler. Wie Pflanzen fühlen.*
in: Spektrum der Wissenschaft März 2000,
S. 61. Spektrum der Wissenschaft Verlags-
gesellschaft, Heidelberg

Helmut Schreier

*Professor und Lehrerausbilder
an der Universität Hamburg
Geboren 1941*

Über dieses Buch
und die Geheimnisse in der Welt

Als ich ein Kind war, gab es noch kein Fernsehen und nur wenige Autos. Den Sommer über war ich oft mit meinem Großvater zum Pilze sammeln im Wald. Damals fing ich an, die Natur genau zu betrachten.

Ein paar Jahre später war ich nach der Schule meist in der Bücherei und las alles, was mir in die Hände geriet. „Wissbegierde" ist ein schönes Wort. Das Brauchbarste, was ich gelernt habe, entdeckte ich nicht in den Büchern, sondern habe ich mit anderen im Gespräch erfahren. Interessantem bin ich auch unterwegs auf Reisen begegnet. Wer beim Reisen Augen und Ohren offen hält, dem begegnen viele rätselhafte Dinge. Aber wenn man im Alltag nur genau hinschaut und hinhört, findet man überall Dinge, die geheimnisvoll sind. Es ist schön, mit anderen über diese Geheimnisse und Rätsel ins Gespräch zu kommen.

Inzwischen habe ich drei Enkelkinder und hoffe, dass sie einmal genau so viel Freude am Rätselraten haben wie ihr Großvater.

215